20代の武器になる 生き抜く！マーケティング

SURVIVAL MARKETING

編著
高橋 千枝子

著
姜 京守
三嶋（原）浩子
矢野 昌彦

中央経済社

は じ め に

　本書はマーケティングの基本を学んだ後，専門的にマーケティングを学ぶ
大学生やマーケティングを本格的に学びたい若いビジネスパーソンが，近年
のマーケティングテーマについて，関連する理論や事例とともに理論的かつ
実践的に学ぶための本である。

　専門的にマーケティングを学べる著名な本は数多あるが，理論説明が中心，
海外事例がほとんどと，近年の日本国内マーケティングの動きを関連理論と
ともに一冊で学べるものは少ない。本書は近年のマーケティングトレンドを
単に追っているのではなく，これからの消費経済社会に定着すると思われる
マーケティングテーマを取り上げて，事例による事象説明だけではなく，そ
の背景や関連理論にまで踏み込んで説明している。

　例えば，本書の読者のなかには，日本のアイドルやK-POPアイドルにハ
マって，夜な夜なYouTubeで「推し」を視聴，ファンイベント（オンライ
ン含む）に度々参加する熱狂的ファンも少なくないだろう。マーケティング
の入門テーマの一つとして，「顧客との良好な関係を構築して，顧客の生涯
価値を最大化するリレーションシップマーケティング」を学ぶことが多いが，
近年のマーケティングの現場では「熱狂的ファン」づくりが重要なテーマと
なっており，本書ではリレーションシップマーケティングから一歩進んだ，
熱狂的ファンを捉えるファンマーケティングを，関連する理論とともに
K-POP事例等も交えて学ぶ内容になっている（第7章）。このように本書で
取り上げるマーケティングテーマや事例はいずれも，現在及び近未来の消費
経済社会にとってメインストリーム（主流・中心）になるものばかりである。

　また本書が過去事例ではなく近年事例を取り上げるのは，これから社会に
出ていく大学生，これからビジネス社会で中心的な役割となる若いビジネス
パーソンを主な読者対象として考えているからである。「急成長している
サービスはどんな収益モデルなのか？」「この事業はなぜ成功しているの

か？」……身近な事例を通じて学ぶことで，大学生であれば就職活動に，社会人であれば現在・近未来の仕事に，つまりこれからの仕事やキャリアに役立つはずである。

■本書の構成と工夫

　本書は全12章から構成されており，取り上げるテーマは，LGBT・ジェンダーレス，経験価値マーケティング，動画ストリーミングビジネス，健康ヘルスケア（デジタルヘルス），アニメ業界ビジネス，ファンマーケティング，シェアリングビジネス，地方創生・地域ブランディング，SDGs，女性マーケティング（女性市場）であり，いずれも近年の消費経済社会に大きな影響を与えているテーマを取り上げている。また各章は関連する理論だけではなく，実際の事例（企業・商品サービス，自治体等）を取り上げているため，理論と実践の両方を学べる構成になっている。いずれも各章で完結しているため，第1章からではなく，関心のある章から読んでもらえればよい（ただし動画ストリーミングビジネスとSDGsは内容が広いため2章に分けている）。

　本書は読者が内容の理解を深めるために4つの工夫を凝らしている。

- 各章の扉ページに「サマリー」を掲載している。サマリーを読んでから各章をじっくり読み込む，サマリーを復習として活用する，急ぐ場合はサマリーだけを先に読む，など活用してほしい。

- 各章で読者に特に伝えたい，理解してもらいたい重要箇所は「太字」にしているので，意識しながら読んでもらいたい。

- 各章で取り上げているテーマに関連した「コラム」を掲載している。これから社会に出ていく学生，ビジネス社会で活躍し始めた若いビジネスパーソンにとって，「知っておいて損がないこと」を取り上げているので，ぜひ読んでもらいたい。

- 各章の最後に「考えるヒント」を掲載している。各章の内容を踏まえた応用課題（設問）を提示している。各章で学んだ知識を定着させる，実際に使えるスキルを習得するために取り組んでもらいたい。

■本書の活用方法

　本書はこれから社会に出ていく大学生，これからビジネス社会で中心的な役割となる若いビジネスパーソンを主な読者対象として想定している。

　読者が大学生の場合，本書は就職活動に活用できる。本書はいわゆる業界本（例えば化粧品業界・自動車業界など）ではなく，現在及び近未来の消費経済社会に大きな影響を与えるマーケティングテーマを取り上げているため，経済社会全体の大きな動向を俯瞰して理解することができる。また成功事例の背景や構造を学ぶことで，企業の選び方や企業分析に役立つはずである。

　読者が社会人の場合，本書は現在及びこれからの仕事に活用できるだろう。今働いている企業・組織，従事している仕事内容が，本書で取り上げる経済社会全体の大きな動向と乖離したものになっていないか，本書で取り上げるテーマや成功事例を取り入れることができないかを考えてほしい。また転職や起業などのキャリアチェンジにも役立つはずである。

　本書は若い皆さんが予測不可能な将来を生き抜くために必要とされる数多くの知識が凝縮されている。知識は「武器」となり，皆さんのこれからの人生を支えるだろう。本書の活用が皆さんの輝く未来の一助になることを本書執筆者一同願っている。

2022年3月

武庫川女子大学経営学部教授

高橋　千枝子

CONTENTS

<u>第**5**章</u>　**健康ヘルスケア**　　　　　　　　　　　　　　　　61

<u>第**6**章</u>　**アニメ業界のビジネスモデルの進化**　　　　79

第 1 章

市場創造と環境分析

LGBT・ジェンダーレス

- マーケティングとは市場・顧客の創造であり，継続的な環境分析によって市場機会および市場脅威を予測する必要がある。本章ではPEST分析を用いて，近未来のマクロトレンドを予測した。

- マクロトレンドの一つとして，生物学的な性差（男女）を前提とした価値観・社会制度にこだわらない「LGBT」「ジェンダーレス」を取り上げる。

- LGBTはセクシュアル・マイノリティ（性的少数者）の総称の一つで，ダイバーシティとともに注目されている。LGBT関連消費はレインボー消費とも呼ばれる新市場である。同性ウェディングや同性パートナー生命保険などLGBT当事者の消費だけでなく，LGBT支援企業の商品サービスを選ぶLGBTを理解・応援する消費がある。LGBTへの取り組みは企業ブランドにも影響していく。

- ジェンダーレスは社会的・文化的につくられた性差をなくすことであり，ジェンダーレス男子や女子の制服にスラックスも選べることなどが注目されている。男女兼用ブランド（ユニセックス）や性別で区切らない売り場も増えており，これまでの商品開発や売り場づくりとは異なる新しい動きである。

- ターゲティングの基本であった「男性向け」「女性向け」という性別セグメントにとらわれない，新しいマーケティングの動きでもある。

1 │ 環境分析でマクロトレンドを予測する

　マーケティングとは市場（顧客）の創造といわれる。自社にとって新しい市場（顧客）すなわちビジネスチャンスを見つけ出すためには，継続的な環境分析が必要不可欠である。ここでは市場創造に必要な環境分析手法と近未来のマクロトレンドを把握する。

　企業を取り巻く環境分析は外部環境分析と内部環境分析に分かれるが，ここでは外部環境分析手法を取り上げる。企業経営に影響のある外部環境には石油価格上昇や新興国経済成長といったグローバルな動きもあれば，少子高齢化や女性活躍推進といった日本全体の動きもある。また競合企業がM&Aにより規模拡大しているという業界内の動きもある。まずは前者のグローバルや日本全体の動向すなわちマクロ環境変化をつかんで，今後3～5年のマクロトレンドを予測することが重要である。

1.1 │ 外部環境分析手法：PEST分析を学ぶ

　企業を取り巻く環境分析フレームワークとして代表的なものにはPEST分析がある。PEST分析の**PESTとは，Politics（政治），Economy（経済），Society（社会），Technology（技術）の4つの頭文字**である。PEST分析で考慮すべき視点をまとめた（図表1-1）。

1.2 │ PEST分析で予測するマクロトレンド

　業種業界，企業によって影響を受ける外部環境は異なり，同じ外部環境変化であってもプラスに影響する業界・企業もあれば，マイナスに影響する業界・企業もある。2020年に突如，世界を襲った新型コロナウイルスによって私達の生活は一変したが，すべての業種業界・企業がマイナスの影響を受け

図表1-1　PEST分析

Politics （政治的要因）	Economy （経済的要因）
・規制，法改正 ・政治動向，政権交代 ・税制変更，増税　　など	・経済成長，景気変動 ・株価変動，為替変動 ・金利，地価変動　　など
Society （社会的要因）	Technology （技術的要因）
・人口動態変化 ・ライフスタイル変化 ・価値観・倫理観変化　　など	・技術活用 ・新技術・技術革新 ・特許　　など

（出所）筆者作成

たわけではない。航空業界やホテル，旅行，アパレル，飲食などが大きく落ち込む一方，ステイホーム・リモートワークにより，スーパーマーケットやホームセンター，ドラッグストア，情報家電やWeb会議サービス等が大きく売上を伸ばした。

　大切なのはグローバルや日本全体のマクロ環境変化をつかんで，今後3〜5年のマクロトレンドを予測して，各業界・市場及び自社にどのような環境を与えるか，プラス面及びマイナス面の両方を分析することである。マクロトレンドと類似したものにファッド（Fads）がある。ファッドは一次的・短命な流行のことである。**マクロトレンドは社会の大きな変化であり，少なくとも5〜10年は継続して，社会に何らかの大きな影響を与える持続的な兆候**のことである。このマクロトレンドを分析することで，新しい市場機会を見つけ出すとともに，マイナス影響の可能性があるならば前もって対策（事業縮小・撤退，事業再構築等）を打たなければならない。参考として今後5〜10年にわたって社会全体，特に日本国内に影響を与えるマクロトレンドをPEST分析で整理した（**図表1-2**）。

図表1-2 マクロトレンド予測と影響分析

項目	マクロトレンド	影響分析
Politics (政治的要因)	移民の増加（労働力）	・移民向け住宅・サービス需要増加
	厚生年金支給年齢引上げ	・シニア再教育・再就職 ・兼業副業需要増加
	社会保険料負担増加	・共働き世代増加，兼業副業増加
	地域振興・地域創生推進	・地域創生産業台頭 ・地域への移住者増加
	週休3日制導入	・余暇市場拡大
Economy (経済的要因)	低金利時代	・海外金融投資需要増加
	サスティナブル重視	・SDGs考慮した商品サービス需要拡大
	少子高齢化	・ベビー・子ども市場縮小，シニア市場拡大 ・健康予防市場拡大
Society (社会的要因)	単身世帯増加	・単身向け住宅・レジャー・葬儀需要増加
	モノ所有からコト消費への価値観変化	・旅行・イベント・コンテンツ等需要 ・リサイクル・シェア増加
	女性社会進出	・共働き世代向け商品サービス需要 ・女性の再就職・再教育需要
	ダイバーシティ推進	・多国籍社員増加（職場グローバル化） ・LGBT市場拡大
Technology (技術的要因)	AI（人工知能）・RPA（業務自動化）技術進化	・ホワイトカラー業務縮小 ・キャリア転換教育需要
	遠隔技術進化	・リモートワーク拡大・出張減少
	ロボット進化	・家事・介護ロボットの台頭

（出所）筆者作成

2 | 新しいマクロトレンド「LGBT・ジェンダーレス」を学ぶ

　前節では市場創造に必要な環境分析手法と近未来のマクロトレンドについて学んだが，本節では近未来のマクロトレンドの一つであり，今後の市場に大きな影響を与えると予想される「LGBT・ジェンダーレス」を事例として取り上げる。

2.1 | LGBTとジェンダーレスを理解する

　マーケティングを学び始めた人がまず覚えるフレームワークは「STP」である。STPは，Segmentation（セグメンテーション）・Targeting（ターゲティング）・Positioning（ポジショニング）の頭文字であり，セグメンテーション（市場の細分化）により，狙うべき市場をターゲティングして，競合他社との位置関係をポジショニングで明確化するものである。セグメンテーションで「性別」や「年齢」で分類する場合が多く，近年はターゲット年齢を設定しない商品サービスも増えてきたが，男性向け・女性向けという「性別」で分類しない商品サービスは非常に少ない。「性別」で分類することはマーケティングだけではなく，学校や職場，トイレなど現代社会の前提になっている。しかし近年，生物学的な男女の性差を前提とした価値観・社会制度にこだわらない「LGBT」「ジェンダーレス」が注目されている。この動きは近年のマクロトレンドであるが，今後もっと社会に浸透・定着していくものである。

2.1.1 | LGBTとは何か

　LGBTとは，Lesbian（レズビアン，女性の同性愛者），Gay（ゲイ，男性の同性愛者），Bisexual（バイセクシュアル，両性愛者），Transgender（トランスジェンダー，性同一障害等）の頭文字を取った単語で，セクシュアル・マイノリティ（性的少数者）の総称の一つである（図表1-3）。

図表1-3　LGBTとは何か？

Lesbian（レズビアン） 女性を恋愛対象とする女性 （女性の同性愛者）	Gay（ゲイ） 男性を恋愛対象とする男性 （男性の同性愛者）
Bisexual（バイセクシュアル） 男性・女性どちらも恋愛対象とする人 （両性愛者）	Transgender（トランスジェンダー） 心の性と身体の性が一致しない人

（出所）筆者作成

図表1-4 「LGBT＋」と「LGBTQIA」

〈LGBT＋〉
＋がLGBTに当てはまらない性的指向の人を意味する
〈LGBTQIA〉
Ｑはクエスチョニング（自分の性別がわからない・決めていない等）
Ｉはインターセックス（男性・女性と断定できない身体構造を持つ人）
Ａはアセクシュアル（誰に対しても恋愛感情や性的欲求を抱かない人）

（出所）筆者作成

　性について考えるとき，身体の性（生物学的な性），心の性（自身の性自認），好きになる性（恋愛対象の性）の３つの視点がある。ただこの３つの視点とは異なる，LGBTに当てはまらない性的指向の人もいるため，「LGBT＋」や「LGBTQIA」という新しい言葉も生まれている（図表1-4）。

　さらに近年はLGBTに代わり「SOGI」という言葉で表現されることもある。**Sexual Orientation and Gender Identity（性的指向と性自認）の頭文字を取った単語で，誰もがそれぞれのセクシュアリティ（性のあり方）を持つという考え方**である。つまり性別は男性と女性の２つだけではなく，それぞれのセクシュアリティを尊重する時代が到来している。

2.1.2 ┃ ジェンダーレスとは何か

　ジェンダーレスとは社会的・文化的につくられた性差をなくすこと（ないこと）である。例えば「女性は化粧をする（ものだ）」「女性は花柄やピンクが好きだ」「男性は野球やサッカーが好きだ」「男性は理系が向いている」といった考え方・思い込み・価値観のことである。大人になれば「女性は家事や育児を担うものだ」「男性は家族を養うものだ」という男女の役割分担の固定観念があり，これが男女格差や，この固定観念に沿わない（沿えない・沿いたくない）人達への差別・偏見につながっている。近年は男女格差解消や性別による固定観念をなくすため，様々な動きが見られる。例えばランドセルの色のバリエーションが増えて「男子は黒色。女子は赤色。」と決めつけない，学校の制服でも女子はスカートではなくスラックスを選べる学校も増えている。性別にとらわれないという点で，LGBTと重なる部分もある。

2.2 | LGBTとジェンダーレスが社会に与える影響

2.2.1 | LGBTフレンドリーな企業が増えている

　LGBT人口は日本の総人口の約9％という調査結果（電通ダイバーシティ・ラボ「LGBT調査2018」）もあり1000万人を超える計算である。これだけの人数（推定）がいるにもかかわらず，これまでLGBTは正しく理解・注目されてこなかった。なぜ近年LGBTが注目されるようになったのか。海外では，LGBTという言葉が生まれる以前の1970年代からゲイパレードが開催され，法的権利獲得や差別撤廃等が叫ばれていた。2010年代に入り世界の国・州で同性婚を認める動きが次々と生まれている。世界でダイバーシティ（多様性）を重視する動きは女性や様々な人種・国籍の人を活用することから広がっていったが，この動きとタイミングが合致したことも注目される契機の一つである。一方，日本は世界の動きより遅れているが，LGBT生徒をいじめから守る動き（2017年3月いじめ防止基本方針改訂）や同性婚を認める地方自治体の動き（条例・要綱であり法的拘束力はない）がみられる。

　LGBTへの理解や配慮は教育現場や行政だけではなく，多くの企業がLGBTに関する取り組みを実施・検討している。日本経済団体連合会の調査（2017年）によると75％もの企業がLGBTに関する取り組みを実施・検討している。企業倫理として性差別同様にLGBT差別の禁止に取り組むだけではなく，社内に一定数存在するLGBT当事者の働きやすさや離職防止，人材確保につながることも企業にとっては重要であり，企業イメージ向上にもつながる。また企業には法人・個人問わず顧客（取引先）があり，社内同様に約1割弱がLGBT当事者（推定）であることを考えると，LGBTへの理解・配慮は欠かせない。また近年では「LGBT積極採用によるダイバーシティ推進」を公表する企業も増えており，LGBTフレンドリー企業と呼ばれ，外資系企業が中心である（図表1-5）。日本企業の多くはLGBT研修や社内相談窓口，採用面接配慮などの取り組みであるが，今後は制度も充実するだろう。

図表1-5　LGBTフレンドリー企業

企業名	取り組み内容
アクセンチュア （外資系ITコンサルティング）	同性パートナーも異性の夫婦と同等の福利厚生を活用できる制度
ユニリーバ・ジャパン（外資トイレタリー）	事実婚・同性パートナーでも法律婚同様のサポート（結婚・忌日休暇・結婚祝い金・弔慰金等）
スターバックスコーヒー　ジャパン	同性パートナーシップ登録制度と性別適合手術のための特別休暇制度を導入

（出所）筆者作成

2.2.2 | Z世代に広がるジェンダーレス

　ジェンダーレスとは社会的・文化的につくられた**性差をなくす，性別にとらわれない価値観・選択・生き方**である。「男らしさ」「女らしさ」という固定概念にはしばられない，「自分らしさ」「個性」を重視することでもある。例えば男性が総合職ではなく一般事務職を選ぶ，女性がプロサッカー選手を目指す，といった性別に関係なく自分の望む仕事・人生を選ぶことである。また化粧をしない（したくない）女性やスカートを穿かない（穿きたくない）女性，逆に化粧をする男性や女性物の衣服を身に着ける男性もいる。**特にZ世代（1990年代半ばから2000年代初めに生まれた若年層）はこのジェンダーレスに対しては寛容といわれ，社会の中心世代になっていく**。美意識が高く化粧をする男性，日焼けを気にして日傘をさす男性，細身なので女性物の衣服を着る男性，お洒落にスカートを穿きこなす男性など，Z世代を中心としたジェンダーにしばられない男子「ジェンダーレス男子」もインスタグラムなどで注目されている。

　このジェンダーレスの動きは，男女の垣根をなくしたデザインやサイズ展開へとつながっている。男女兼用ブランド（ユニセックス）の台頭や男性物・女性物を明確に区別しない売り場も増えている。化粧品売り場に来る男性客は必ずしも女性へのプレゼントを購入するわけではないこと（自分用かもしれない）を接客で留意する企業（店舗・販売員）もある。また性別の固定概念への苦痛からのジェンダーレスの動きもある。セクシュアルハラスメントや性的暴行の被害体験の抗議運動を象徴するSNS用語「#MeToo（ミー

トゥー）」をもじった「#KuToo（クートゥー）」である。これは日本の職場で女性がハイヒール・パンプス着用が義務付けられていることに抗議する社会運動（靴と苦痛をかけ合わせた造語）であり，日本航空と全日本空輸がこのKuToo運動をきっかけに女性の客室乗務員・地上スタッフに踵の低いパンプスを容認した。男性乗務員が化粧をしても構わないとする外資系航空会社もある。このような性別の固定概念にとらわれない動きは増えていくだろう。

2.3 │ LGBTとジェンダーレスが市場を創造する

　今後の市場機会として「LGBT・ジェンダーレス」を取り上げるのは，新しい市場及び顧客の創造の一つの動きだからである。これまで主流であった「男性向け」「女性向け」といった性別セグメントによるマーケティングとは異なるものである。

2.3.1 │ 注目されるLGBT関連「レインボー消費」マーケット

　LGBTが注目されるのは単にダイバーシティという観点だけではなく，新しい消費市場として大きな可能性を秘めているからである。LGBT人口は日本の総人口の約９％，国内LGBT関連消費は約5.4兆円市場と推計されている（電通ダイバーシティ・ラボ）。LGBTのシンボルとして**ダイバーシティを表す「６色レインボー」を使用するため，LGBT関連消費はレインボー消費とも呼ばれる。**

　LGBT関連消費にはまずLGBT当事者の消費がある。これもLGBT層をターゲットとした新しい商品サービスと既存の商品サービスをLGBT層向けに拡充したものに分けられる。さらにLGBT当事者に限らずLGBTを理解・応援する消費がある（**図表1-6**）。LGBT層をターゲットとした新しい商品サービスとは，LGBTをターゲットとしたコミュニティ・イベント，バーやカフェ，雑誌・フリーペーパーや専門サイトなど，これまで世の中になかった（もしくはほとんどなかった）ものである。また既存の商品サービスを

図表1-6　LGBT関連消費（レインボー消費）の概要

分類	例
LBGT層をターゲットとした新しい商品サービス	・コミュニティ・サークル ・イベント ・バーやカフェ ・雑誌・フリーペーパー ・専門サイト
既存の商品サービスをLGBT層向けに拡充したもの	・男性専用カプセルホテル⇒性別絞らない ・女性専用エステサロン・フィットネスクラブ⇒性別絞らない ・ネイルサロン⇒女性に限定していないことを訴求
	・（LGBT層が利用できる）ウェディング ・生命保険（同性パートナーが死亡保険金受取） ・住宅（同性パートナーと同居）
LGBTを理解・応援する消費	・LGBTを理解するためのイベント ・LGBT研修セミナー ・LGBTに配慮した企業の商品サービスの購入

（出所）筆者作成

LGBT層向けに拡充したものとは，これまで性別（男性のみ・女性のみ・男性と女性のカップル）を前提とした商品サービスを広げるものである。例えば男性専用カプセルホテルや女性専用エステサロン，女性向けフィットネスクラブなどが特定の性別で絞らずに広げていくことである。商品そのものを変えなくても売り場を「男性売り場」「女性売り場」と区別しない，接客方法を「化粧品だから女性が使うもの」など固定観念で決めつけない，ことも必要である。またこれまで男性と女性のカップル・夫婦が前提だった商品サービス，例えばウェディングや生命保険，住宅などがある。LGBT当事者に限らずLGBTを理解・応援する消費とは，LGBTを理解するためのイベントや研修セミナーへの参加，LGBTに配慮した企業の商品サービスの購入である。

　いくつかLGBT層をターゲットとした商品サービス事例を紹介する。

（1）　LGBTメディア『GENXY（ジェンクシー）』

　GENXYは株式会社amaterasが運営するLGBTをテーマとしたWebマガジンである（https://genxy-net.com）。単にLGBTに関する国内外ニュースを

発信しているだけではない。ゲイをメインとしたLGBTをターゲットに，ライフスタイル・エンタメ・美容・ファッション・恋愛などについて日々を楽しむための情報を発信している。例えば男性向けエンゲージリング（同性婚）やゲイフレンドリーなホテル情報など，LGBT（特にゲイ）の関心・ニーズに合致した情報である。メーカーとコラボしたLGBT向け商品も生まれている。

(2) ライフネット生命の同性パートナー保険金受取

ライフネット生命では2015年11月より同居期間など一定条件のもと同性パートナーを死亡保険金の受取人に指定することが可能となった（死亡保険金は相続財産ではないため遺産分割の対象にならない）。2015年に渋谷区と世田谷区で同性カップルを公的に承認する制度が開始されたこともあり，多くの生命保険会社が（一定条件のもと）同性パートナーを死亡保険金受取人に指定できるようにした。このような取り組みは企業イメージ（LGBTフレンドリー企業）にもつながる。

LGBTが消費市場として魅力的なのは，性別で絞った商品サービスとは異なる新市場であるだけではなく，LGBT当事者自体が生物学的な子孫を残さないため，可処分所得が高く，資産を残さず自分に投資する傾向があるともいわれる。美容やファッション，旅行，住居，エンタメなどにこだわりを持って消費（投資）するニューリッチ層でもある。

2.3.2 | ジェンダーレスブランドの台頭

ジェンダーレスとは「男性は化粧をしない」「男子はブルー系」「女性はスカートを穿く」「女性はピンクが好き」という性別固定概念にとらわれず，「自分が欲しいもの」「自分が望むもの」を選択することである。既に男女の垣根をなくしたデザインやサイズ・カラー展開するブランドが数多く台頭している。男性向け商品が女性の心もつかみ結果的に“ジェンダーレス”商品になったものもある。

（1） ジェンダーレス化粧品『BOTCHAN（ボッチャン）』

BOTCHANは㈱アンド・コスメが2018年に発売開始した男性用化粧品である。モノトーンのシンプルデザイン，メンソール入りの基礎化粧品が定番であった，これまでの男性用化粧品と一線を画する。カラフルなパッケージデザイン，商品ラインナップは基礎化粧品以外に肌補正クリームやコロンスティック，リップバーム，マスカラ，フェイスマスク，ネイルなど，女性向け化粧品と見間違えるほどである（**図表1-7**）。天然植物由来成分にこだわり，パラベンフリー，ノンアルコール，無着色など肌への負担も考慮している。

BOTCHANのコンセプトは「『男らしく』、を脱け出そう。」。男性だからモノトーン・シンプル・メンソールという固定概念に縛られず，ニュートラルに自分の個性・感性に合ったモノを選ぶ人をターゲットとしている。既成ジェンダー観にしばられない男性向け化粧品であったが，女性の購入客も多く，結果的にジェンダーレスな商品ブランドである。

図表1-7　BOTCHAN

（出所）アンド・コスメ提供

（2） ジェンダーレス衣料品『MUJI Labo（ムジラボ）』

MUJI Laboは，無印良品を展開する㈱良品計画がベーシックな衣料品を

（出所）良品計画提供

開発する実験的ブランドとして2005年に開始した。当初は男性用・女性用に分かれていたが，2019年に「性別，年齢，体型に関係なく誰もが着られるシンプルデザインの服」として再スタートした（図表1-8）。MUJI Laboの商品はサイズ感がゆったりで，トップス3サイズ・ボトムス5サイズで男女の区分けがないジェンダーレスな衣料品ブランドである。またサスティナビリティの視点も取り入れられている。シンプルなデザイン，組み合わせしやすい色展開，カップルや夫婦，親子で共有可能と，服を持ち過ぎない最小限のワードローブを目指している。

　これまでも男女兼用商品はユニセックスブランドとして存在していたが，ボーイッシュな女性が身に着けるカジュアルな衣類・服飾雑貨の域を出ていなかった。ジェンダーレス商品は「男性はフェイスマスクを使わない」「女性は体にフィットしたラインの服が好きだ」という固定概念を打破した商品である。またジェンダーレスな商品が中心であるが，ジェンダーレスなサービスの登場はこれからである。

ダイバーシティとマーケティング変化

　ダイバーシティとは多様性を理解し，認め合い，受け入れることを意味し，社会の様々な場面で，女性や外国人，LGBT等に固定観念・偏見や差別を持たないことでもある。このダイバーシティの流れはマーケティングに変化を与えている。例えばクレヨンやファンデーション等から「はだいろ」がなくなった。これは人の肌の色に固定観念をなくすためである。またディズニーランドは来場者へのアナウンス「ボーイズ＆ガールズ」を止めた。これは男性か女性か決めつけないためである。消費者アンケート等での性別調査では「男性・女性・その他・答えたくない」と選択肢が変化している。家電製品のコマーシャルで「主婦が料理をして夫や子どもが食べる」という設定ではなく，男性が洗濯をしたり，共働き家庭を登場させている。これは家事は女性がするものという性別役割の固定観念をなくすためである。販売方法も変化がある。化粧品カウンターに訪れた男性に「奥様や彼女へのプレゼントですか？」と聞かない。本人が自分用としてほしい場合もあるからである。ダイバーシティを考慮した広告宣伝や接客が不十分な場合，当事者を不快にさせるだけではなく，SNSでの炎上，場合によっては企業のレピュテーションにも影響が出る場合もあり，センシティブな対応が必要である。

考えるヒント

■LGBT層のペルソナ（ユーザー像）を設定して，新しい商品サービスを考えてみよう。

■性別で絞った身近なサービスを一つ取り上げて，ジェンダーレスなサービスを考えてみよう。

第2章

経験価値マーケティング

- マーケティングの基本的な視点が「モノ」から「コト」へと変わってきている。これは消費者のニーズが「モノ消費」から「コト消費」に移り変わっているからである。

- 「モノ」から「コト」への変化は価値観の変化でもあるが，インターネットの登場で買い物が簡単にできるようになったこととも関係しているかもしれない。

- 本章では，これに関連して理論的枠組みとしてシュミットの「戦略的経験価値モジュール」のSense, Feel, Think, Act, Relateについて学ぶ。

- 次に，事例としてリッツ・カールトンとスターバックスコーヒーを取り上げ，一般的なビジネスホテルやコンビニエンスストアのコーヒーとの違いについて考える。その中で経験価値は顧客よりも先にスタッフが感じることの重要性についてインターナル・マーケティングの観点から一緒に学ぶ。

- 「コラム」では，顧客の感動は単に企業側の製品・サービスの客観的なレベルで決まるわけではなく，顧客一人ひとりが持つ期待値によって決まるとする期待不確認理論について言及する。

1 ｜ 「モノ消費」から「コト消費」への消費者ニーズの移り変わり

1.1 ｜ 自己実現欲求としてのコト消費

　顧客のニーズを考えると近年はモノ消費からコト消費へと変化してきている。**これは単にモノよりもコトを重視するということではなく，ある程度までモノ消費が充足できるようになると次の段階としてコト消費を重視するようになる**ことだと捉えるべきである。満足に食べるものも着るものも住むところもない状態でモノ消費よりコト消費を重視することはない。米国の心理学者のマズロー（Maslow）は人の行動を動機づける基本的欲求として生理的欲求，安全の欲求，所属と愛の欲求，承認の欲求，自己実現の欲求の5つに分類している（図表2-1）。

図表2-1　マズローの欲求5段階説

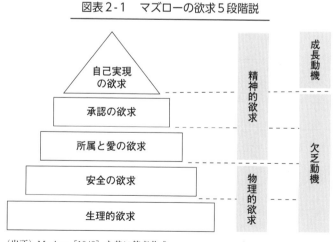

（出所）Maslow［1943］を基に筆者作成

マズローは5つの欲求を序列化し，生理的欲求，安全の欲求，所属と愛の欲求，承認の欲求を「欠乏動機」とし，その中でも生理的欲求と安全の欲求は物理的欲求につながり，所属と愛の欲求と承認の欲求，自己実現欲求は精神的欲求としている。そして自己実現欲求を「成長動機」であると位置付けた。マズローは自己実現欲求を「成長動機」と捉えたが，消費者行動の視点からは欠乏動機がなくなった後は次の欲求として，**モノを機能や価格で選ぶより人はそれを使っている自分がどのように見えるのか，自分自身がどのように感じるかというようなことを重視**するようになってきた。

1.2 | コト消費としての感動体験欲求

　消費者行動においては消費欲求の分類の一つに**実利欲求と快楽欲求**に分けて考えるというものがある。前者は**商品の機能がもたらす便益をそのまま得たいとする欲求**であり，後者は**感動や楽しさや幸せなどの感情をモノ・サービスの消費経験を通じて得たいとする欲求**である。これをマズローの欲求5段階説に照らし合わせれば，快楽を求める自己実現欲求の段階に該当すると考えられる。具体的には，この欲求は，「社交」「経験」「共有」を伴う消費行動ともなり幸福感にもつながる。特に相対的に豊かな社会においてはインターネットの発達により自宅にいてもお金があれば簡単になんでも買える時代となったこと，ほとんどのモノが以前と比べると安価で基本的性能に関しては満足できるレベルとなったことにより，多くの人が感動体験や社会的貢献ということにより価値を置くようになり，「モノ消費」から「コト消費」への動機づけとなったといえる。

2 | 経験価値マーケティングの基本コンセプト

2.1 | 戦略的経験価値モジュール

　世の中が豊かにまたは成熟するに従って人々は，モノの機能や価格では価値を認めなくなってきたことは上述したとおりである。そのような社会では人々は経験価値を重視するようになってきた。そして，**経験価値があるか否かは人々（顧客）の感性や感覚に訴えることができるかどうかで決まる**。米国コロンビア大学のバーンド・H・シュミット教授は，経験価値を「**金銭的・機能的な価値ではなく，顧客が経験を通して感じる感動のことであり，心理的・感情的な価値**」と定義している。また，「経験価値」という言葉は，「過去に起こった経験を指しているのではなく，ある刺激に反応して発生する個人的な出来事である」と述べている。そして，**経験価値は満足を超えるものであり，経験価値を高めることで，自然と顧客の満足につながる**としている。彼は，この経験価値を「戦略的経験価値モジュール」として5つに分

図表2-2　シュミットの戦略的経験価値モジュール

経験価値の要素	意味	例：茶道の経験
感覚的経験価値（Sense）	五感を通し自身で感じた経験価値	茶と菓子の味，道具や茶室のデザイン
情緒的経験価値（Feel）	嬉しいというような感情の経験価値	心が落ち着く
知的経験価値（Think）	思考を通じて感じた経験価値	芸術への知的好奇心の刺激
行動的経験価値（Act）	自身の肉体を通じて感じる経験価値	美しい所作を身につけられる
関係的経験価値（Relate）	何かへの帰属を通じた経験価値	流派への帰属意識，仲間意識

（出所）Schmitt［1999］を基に筆者作成

類している（図表2-2）。感動要素は一つの要素ではなく，複数の要素が交じり合い，経験価値を生んでいるとしている。

このようなモノの機能や価格ではない要素が多くの分野で重要になってきているが，それを実際に具体的なマーケティングの施策や計画に落とし込むことは，そう簡単ではない。客観的な指標よりも個々の顧客の主観的な価値が決め手となるからである。

2.2 | 古来，存在していた経験価値

この経験価値は近年になって登場したものではない。例えば，山崎正和は『柔らかい個人主義の誕生—消費社会の美学』の中で日本の伝統的な茶道について「窮屈な茶室で作法に則り茶を楽しむのは人生を豊かに感じさせてくれる充実した時間を過ごすことが真の目的だ」と述べている。つまり，消費とは充実した時間の消耗を意味するのであり，茶会で茶を飲むのは喉の渇きを潤したついでにビタミンCも摂取するというようなことが目的ではないというのである。このように見ていくと茶道に限らず充実した生活を送れるような人々はどの時代でもそのような充実した時間を消費する経験価値を重視してきたといえる。その意味で人は古来，経験価値，充実した経験，充実した人生を送ることに価値を見出してきたといえる。

3 | リッツ・カールトンの経験価値マーケティング

3.1 | リッツ・カールトンのゴールドスタンダード

日本でも人気の高級ホテル，リッツ・カールトンであるが，清潔さと安全性だけを基準にホテルを選ぶなら，なにも見栄を張ってこんな高級ホテルに宿泊しなくともいくらでも魅力的なホテルはある。しかしながら，やはり

リッツ・カールトンは人気である。何が他のホテルと違うのであろうか。ここでリッツ・カールトンの企業理念である「ゴールドスタンダード」について見てみたい。

　図表2-3は，同社ホームページの最初のページに記載されている企業理念である。

図表2-3　リッツ・カールトンの企業理念

「クレド」
　リッツ・カールトンはお客様への心のこもったおもてなしと快適さを提供することをもっとも大切な使命とこころえています。私たちは，お客様に心あたたまる，くつろいだ，そして洗練された雰囲気を常にお楽しみいただくために最高のパーソナル・サービスと施設を提供することをお約束します。リッツ・カールトンでお客様が経験されるもの，それは感覚を満たすここちよさ，満ち足りた幸福感そして<u>お客様が言葉にされない願望やニーズをも先読みしておこたえする</u>サービスの心です。

「モットー」
　ザ・リッツ・カールトンホテルカンパニーL.L.C.では「紳士淑女をおもてなしする私たちもまた紳士淑女です」をモットーとしています。この言葉には，すべてのスタッフが常に最高レベルのサービスを提供するという当ホテルの姿勢が表れています。

「サービスの3ステップ」
1．あたたかい，心からのごあいさつを。
2．お客様をお名前でお呼びします。
　一人一人のお客様の<u>ニーズを先読みし，おこたえします</u>。
3．感じのよいお見送りを。さようならのごあいさつは心をこめて。
　お客様のお名前をそえます。

「サービスバリューズ」
　私はリッツ・カールトンの一員であることを誇りに思います。
1．私は，強い人間関係を築き，生涯のリッツ・カールトン・ゲストを獲得します。
2．私は，お客様の願望やニーズには，<u>言葉にされるものも，されないものも，常におこたえします</u>。
3．私には，ユニークな，思い出に残る，パーソナルな経験をお客様にもたらすため，エンパワーメントが与えられています。
4．私は，「成功への要因」を達成し，ザ・リッツ・カールトン・ミスティークを作るという自分の役割を理解します。
5．私は，お客様のザ・リッツ・カールトンでの経験にイノベーション（革新）をもたらし，よりよいものにする機会を常に求めます。
6．私は，お客様の問題を自分のものとして受け止め，直ちに解決します。
7．私は，お客様や従業員同士のニーズを満たすよう，チームワークとラテラル・サービスを実践する職場環境を築きます。
8．私には，絶えず学び，成長する機会があります。
9．私は，自分に関係する仕事のプランニングに参画します。
10．私は，自分のプロフェッショナルな身だしなみ，言葉づかい，ふるまいに誇りを持ちます。

---

11. 私は，お客様，職場の仲間，そして会社の機密情報および資産について，プライバシーとセキュリティを守ります。
12. 私には，妥協のない清潔さを保ち，安全で事故のない環境を築く責任があります。

「従業員との約束」

　リッツ・カールトンではお客様へお約束したサービスを提供する上で，紳士・淑女こそがもっとも大切な資源です。信頼，誠実，尊敬，高潔，決意を原則とし，私たちは，個人と会社のためになるよう持てる才能を育成し，最大限に伸ばします。多様性を尊重し，充実した生活を深め，個人のこころざしを実現し，リッツ・カールトン・ミスティークを高める…リッツ・カールトンは，このような職場環境をはぐくみます。

＊下線は筆者作成
（出所）リッツ・カールトンHP（https://www.ritzcarlton.com/jp/about/gold-standards）

　同社のサービスの特徴は顧客が何かを依頼した後で迅速かつ丁寧に心を込めて対応をするのではなく，**言葉にされない顧客の願望やニーズにも応える**としている点である。これはとても難しいことであるが，顧客にとっては確かに自分がお願いする前にホテルの従業員が応えてくれたならばとても心地の良い経験である。

3.2 | 従業員へのエンパワーメント

　同社のこのような優れたサービスはどのように可能になるのであろう。図表2-4は同社が従業員に与えている権限である。

　これは，同じサービスでも顧客への感動のサービスを迅速に従業員が行えるようにする上で大きく寄与していることである。しかし，ここで忘れていけないのは**顧客に感動してもらい感謝される時，同時に感動しているのは実は従業員でもある**ということである。これにより従業員が積極的になり自分が持っているおもてなしの精神を最大限に発揮できるようになり，結果とし

図表2-4　リッツ・カールトンの従業員の権限

1. 上司の判断を仰がずに自分の判断で行動できる。
2. セクションの壁を超えて仕事を手伝うときは，自分の通常業務を離れる。
3. 1日2000ドル（約20万円）までの決裁権を持つ。

（出所）リッツ・カールトンHPより筆者作成

て顧客にも高い経験価値を感じてもらえることである。これは，単に部屋が広くて内装も豪華だとかホテル内のレストランの料理が旨いだとかいう要素とはまた違う心地良い経験を顧客に与えることになる。

3.3 インターナル・マーケティングの成功

　同社は優れた経験価値を顧客に与えることによって成功しているといえるが，実は経験価値を感じているのは顧客だけではない。リッツ・カールトンで働いているスタッフも経験価値を感じているのである。これはインターナル・マーケティングの成功だともいえる（図表2-5）。インターナル・マーケティングとはホスピタリティ産業においてよく言われることである。通常のマーケティングにおいてスタッフは企業と同一視され，企業と顧客の間での関係について考えるが，このような産業においては**従業員が仕事に愛着を持ち，会社に誇りを持つことによってのみ，顧客の気持ちに寄り添い，その結果，顧客ニーズを理解することにより，顧客に対してより良いサービスが提供できる。**

　また，それに満足した顧客はリピーターとして何度もそのホテルなりお店なりを利用し，満足した顧客にサービスを提供することでさらに従業員はより一層の満足感を享受する。良いサービスは口コミなどを通じ，さらにリピーター客を増やす。こうしたサービス・エンカウンターにおける双方向的（インタラクティブ）なやり取りが，ホスピタリティ産業においては利益と成長を企業にもたらすといわれる。よって，このようなスタッフから顧客への良いサービスの実現には企業はスタッフが仕事に愛着を持ち会社に誇りを持つようにする仕組みが欠かせないということになる。

　米国ハーバード大学のヘスケット教授とサッサー教授ら（1994）は，この概念を「サービス・プロフィット・チェーン」として，従業員と顧客の満足が企業の利益につながっているという考え方を示した。まさにリッツ・カールトンのゴールドスタンダードに記載されている内容の実現，そしてその結果としての成功はインターナル・マーケティングの成功からもたらされてい

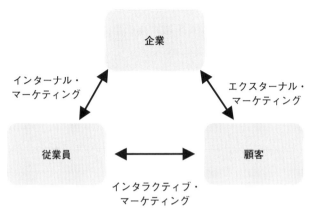

図表2-5　インターナル・マーケティング

企業

インターナル・
マーケティング

エクスターナル・
マーケティング

従業員

顧客

インタラクティブ・
マーケティング

（出所）Kotler［2003］を基に筆者作成

るといえる。

4 ｜ スターバックス コーヒーの 経験価値マーケティング

4.1 ｜ スターバックスは何を売っているのか?

　大学生なら知らない人はいない，未体験者はいないといってもよいスターバックスであるが，スターバックスではいったい何を提供しているのだろうか。もちろん質の高いコーヒーやフラペチーノを売っているといえる。でもそれだけであろうか。スターバックスを利用する多くの人がセブン-イレブンなどでコーヒーを飲んだ経験もあるだろう。価格はスターバックスの3割程度かもしれない。コーヒーの質も3割程度であろうか。セブン-イレブンは随分と高価なコーヒーを格安で提供しているのである。

　また，セブン-イレブンでのコーヒーの成功を受け，ローソンやファミリーマートでもコーヒー類の提供を始めている。それでは隣にそのようなコンビ

ニエンスストアがあるのにもかかわらず，高い価格でスターバックスのコーヒーを注文するのはなぜだろうか。もちろんコンビニエンスストアでは必ずしもゆっくりと座ってコーヒーを飲めないかもしれない。しかし，最近はイートインスペースを設けている店もある。

4.2 | サードプレイスとは

　サードプレイス（Third Place）とは，アメリカの社会学者オルデンバーグ（Oldenburg）が『グレート・グッド・プレイス』の中で使った言葉である。これはファーストプレイスを自宅，セカンドプレイスを職場とするなら多くの現代人は，それら2つの場所とは違う**創造的な交流が生まれるような場所，機嫌が良くなりリラックスできる非公式な公共な場所**を必要としており，それをサードプレイス，第3の場所としている（図表2-6）。人は一人で過ごしリラックスしたいときもあるものだが，社会的な存在としてやはりコミュニティの中にその居場所を見つけたい。

　しかし，職場のようにその場所に行くことが半ば義務的であり上下関係もあるような場所とは違う必要がある。要するに**自分にとって心地良い場所**である。そして，人々はそのような心地良い経験ができる場所には喜んでお金

図表2-6　サードプレイス

（出所）Oldenburg［1999］を基に筆者作成

24

を使うのである。つまり，**スターバックスで提供しているのは飲み物ではなく居心地の良い空間と時間**といえるのかもしれない。

4.3 | なぜスターバックスはサードプレイスなのか？

スターバックスについて再び考えると，確かにスターバックスのコーヒーやその他の飲み物の質は高い。そして座り心地の良いソファやイス，Wi-Fi完備，完全に禁煙でもある。しかしながら，最大の要因は**バリスタと呼ばれるスタッフを中心としたお店の雰囲気こそ最大の要因**ではないだろうか。お店の雰囲気を決めるのは内装や照明ばかりではなく，その場にいる人こそが最重要となる。もしもスタッフが皆，暗くて愛想が悪く，顧客の気持ちも理解できないような気も利かない人ばかりであれば顧客は来ないだろう。

ところで，オルデンバーグ自身は経験価値については何も触れておらず，人は家と職場という2つの場所以外にもPublicながらUnofficialな場所を持つことが個人だけでなく地域社会の活性化にとっても好ましいと論じている。そして，サードプレイスは「第2の我が家」のような存在であるべきだとしている。スターバックスについて考えるとオルデンバーグが意図するような常連が集い，地位や収入に関係なく自由に意見を述べるような場所とまではいかないだろう。しかしながら，単に美味しいコーヒーを飲みに行く場所ではなく一種の経験価値を求めているといえる。

4.4 | スターバックスの中核価値

スターバックスにも世界共通のミッションと価値がある。同社のWebサイトには**図表2-7**のような内容が出てくる。同社のビジョンと価値は，すべての従業員が自己の成長と仕事を自分なりにリンクさせるように作られている。同社においても優れたインターナル・マーケティングが実践されており，それがスタッフ一人ひとりの優れたホスピタリティとなり，結果として顧客にとっても居心地の良い場所となっているということである。

図表2-7　スターバックスのビジョンと価値

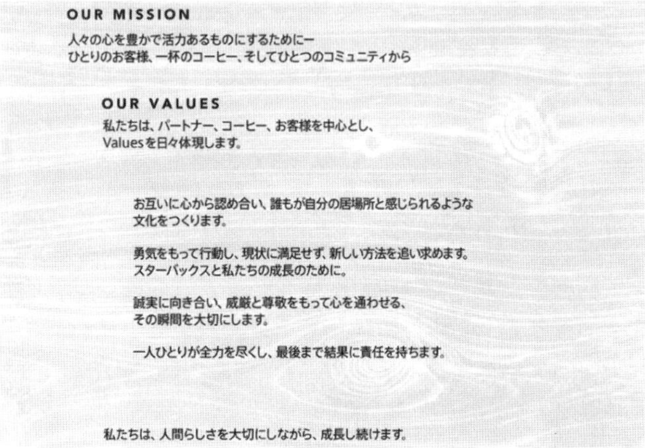

OUR MISSION

人々の心を豊かで活力あるものにするために―
ひとりのお客様、一杯のコーヒー、そしてひとつのコミュニティから

OUR VALUES

私たちは、パートナー、コーヒー、お客様を中心とし、
Valuesを日々体現します。

お互いに心から認め合い、誰もが自分の居場所と感じられるような
文化をつくります。

勇気をもって行動し、現状に満足せず、新しい方法を追い求めます。
スターバックスと私たちの成長のために。

誠実に向き合い、威厳と尊敬をもって心を通わせる、
その瞬間を大切にします。

一人ひとりが全力を尽くし、最後まで結果に責任を持ちます。

私たちは、人間らしさを大切にしながら、成長し続けます。

（出所）スターバックスHPより

5 ｜ 共感力が決め手となる時代

5.1 ｜ 基本としての「顧客ニーズ」理解を支える社員の感性

　ここで改めてリッツ・カールトンとスターバックスに共通することは何なのかを確認してみたい。それは**居心地の良い空間で居心地の良い時間を過ごしてもらうということになる**。まさに，ここに顧客は価値を感じてお金を払う。そして，それを実現するのは**企業というよりも，そこで働いている人**である。よって，それぞれの企業において顧客はいかなる経験価値を求めているのか，いかなる顧客ニーズがあるのかについてはそこで働く人の感性が重要となる。その意味では，**マーケティングの成功は人事の成功と密接に関わってくる**といえる。マーケティングの課題は，マーケティングの課題として解決するべきで人事組織論の課題とは別だという人がいるが，実際のビジネスにおいては切り離すことができないのもまた現実である。

5.2 | 経験価値としてのVRの可能性

　経験としての消費の重要性については，今後**仮想現実（VR: Virtual Reality）の進化**にかかっているといえる。フェイスブック（Facebook）は仮想現実ヘッドセットを手掛けるオキュラスVR社（Oculus VR）を買収してVR機器を4万円以下という多くの人が手の届く価格で販売しVRを楽しめるようにした。現在，VRが実現したのは五感でも視覚と聴覚の分野である。経験消費はリアルな体験に限るのか否かは残りの臭覚，味覚，触覚の分野まで技術が追いついてきたときに新たな次元で対抗するようになるだろう。残りの3つの感覚をVRで実現するとは夢のような話であるが，もう基本的な技術は出来上がってきている。

　現在，ネットの利便性に対してリアルの経験がどこまで重要と人々が感じるかという問題が論じられているが，それはあくまでネットは視覚と聴覚のコミュニケーションに限られるとの前提かもしれない。今後私たちの想像を超える**VR体験を，誰もが体験できるようになったとき，リアルの世界の需要がどう変わっていくのか**は誰にも想像できない。

COLUMN 2-1

期待不確認理論

　感動のサービスとは，いったいどのように生まれるのであろうか。これについてはリチャード・オリバー（Richard L. Olliver）の期待不確認モデルがよく用いられる。これは次のようなことである。

- 期待＞パフォーマンス　　➡　　顧客は不満
- 期待＝パフォーマンス　　➡　　顧客は満足
- 期待＜パフォーマンス　　➡　　顧客は感動

　よって，100円ショップのものであっても期待値が低いのに実際のパフォーマンスがそれを上回れば感激する一方で，顧客の期待値が高ければ客観的には十分にレベルの高い製品・サービスでも不満を持たれることになる。したがって，企業にとっては自社が提供する製品・サービスのパフォーマンスの品質を高めていくことも大切だが，顧客の事

前期待を適切にコントロールすることも重要である。皆さんの母親の誕生日には何も期待させないでおいて当日にサプライズパーティーを開くのが母親を一番感動させる方法かもしれない。

考えるヒント

- なぜ今，顧客経験価値の向上が重要視されているのか，商品やサービスの物理的価値との違いという観点から考えてみよう。
- 顧客経験価値の向上に取り組み，成果を上げた商品あるいはサービスを一つ取り上げ，シュミットの5つの経験価値をベースに分析してみよう。

第 3 章

動画ストリーミングビジネス（理論編）

- 動画ストリーミングサービスは，新しい生活様式における消費者行動の変化や情報通信技術の進化を踏まえ，新たな成長期に入り，今後も市場規模が拡大していくと見込まれている。

- 動画ストリーミングサービスは，一般的に海外では「OTTサービス」と呼ばれている。OTTとは，オーバー・ザ・トップ（Over-The-Top）の略称で，通信インフラではなく，インターネット回線を通じて映画やドラマなどの動画コンテンツを配信するストリーミングサービスを指している。

- 動画ストリーミングサービスの形態は，サブスクリプション型サービス，ダウンロード型サービス，レンタル型サービス，広告型サービスの4つに分類されている。

- 同業界におけるマーケティング戦略として，ネットワーク外部性，再販戦略，二面性市場におけるプラットフォーム戦略，垂直統合戦略などが挙げられる。

- 本章では，理論的見地から動画ストリーミングサービス市場の現況やストリーミングサービスとは何か，そしてストリーミングサービス業界に適用されているマーケティング戦略について学ぶ。

1 │ 急成長するストリーミングサービス市場

　ここでは，急成長するストリーミングサービス市場の現況やストリーミングサービスとは何か，そしてストリーミングサービスの形態について学ぶ。

1.1 │ 市場状況

　2019年の日本のインターネット利用者数は1億834万人，人口普及率で89.8％となった。また，**端末別のインターネット利用率は，スマートフォン（63.3％）がパソコン（50.5％）を12.9％上回った**（総務省，2020）。DVDと同等の高品質な動画を配信することが可能なネットワークと，その動画を容易に再生できるデバイスが生活者に普及し，インターネット上では多様な動画ストリーミングサービスが提供されている。代表的な企業として，Netflix（ネットフリックス）やAmazon（アマゾン）プライム・ビデオ，U-NEXT（ユーネクスト），DAZN（ダゾーン），Hulu（フールー）などが挙げられる。

　2020年は，日本だけでなく世界的に動画配信サービスが飛躍的な成長を成し遂げた。それは，世界中で新型コロナウイルス感染が拡大したことにより外出自粛が余儀なくされ，自宅で動画ストリーミングサービスを利用する時間が増えたからである。GEMパートナーズの調査によると，**2020年の日本国内における動画配信サービス市場全体の規模は，前年比33.1％増の3894億円**となり，コロナ禍におけるホームエンタテイメントへの関心の高まりを受けて大きく伸長したことがわかる。

　企業別市場シェアをみると，2019年にシェア1位となった**Netflixは2020年シェアで19.5％（前年比＋5.7％）とさらに拡大し，1位を獲得**した。2019年に3位であったAmazonプライム・ビデオは12.6％（前年比＋1.8％）とシェアを高め2位に上昇するなど，海外勢が目立っている。日本勢の中で

は，U-NEXTが11.1％とシェアを高めて３位を占めている。GEMパートナーズによれば，動画配信サービス市場の規模は今後も引き続きコロナ収束の見通しが立たないことから利用の需要が続くと想定され，**2025年には6583億円に到達すると推定**されている。

新型コロナウイルス感染症対策のため自宅で過ごす時間が増え，テレビでネット動画を見る人が増加していることからスマートテレビの普及が進むことで動画配信サービスを利用する人はさらに増えるだろう。モバイル端末では，携帯キャリアの大容量データプランの登場により，データ通信量を気にせずに動画配信サービスを利用することが可能になっている。それに加えて，5G高速通信の利用が広がれば高品質なコンテンツが快適に楽しめるようになる。また，米国の映画制作会社はコロナ禍の経営方針として，新作映画を劇場だけではなく，ネットでも同時に配信することを明らかにしている。

以上のように，新しい生活様式における消費者行動の変化や情報通信技術の進化を踏まえ，動画ストリーミングサービスは新たな成長期に入り，今後も市場規模は拡大していくと見られる。

1.2 | ストリーミングサービスとは

ストリーミングサービスは，海外では「OTTサービス」と呼ぶのが一般的であるが，ここでは便宜上，「動画ストリーミングサービス」に表記を統一する。OTTとは，オーバー・ザ・トップ（Over-The-Top）の略称で，**通信インフラではなく，インターネット回線を通じて映画やドラマなど動画コンテンツを配信するストリーミングサービス**のことを指している。伝統的なテレビ業界は，放送事業者が同軸ケーブルや光ケーブル，あるいは人工衛星を通じて送信する信号を視聴者がテレビのセットトップ・ボックス（set-top box）を通じて受信し，視聴する形態であった。一方，動画ストリーミングサービスはセットトップ・ボックスを越えて（over-the-top），インターネットにつながるPCやスマートフォン，タブレットなど，様々なデバイスで観たい動画コンテンツを視聴することができる。インターネットの発達と共に，

スマートフォンやタブレットのようなモバイル端末の大衆化が進み，ユーザーは時間や空間の制約を超えて，いつでもどこでも動画ストリーミングサービスを利用し，希望するコンテンツを視聴することができるようになった。ストリーミングサービスの登場以来，ケーブルテレビや衛星放送などの有料放送を解約する世帯が増えている。つまり，既存の有料放送サービスから動画ストリーミングサービスに乗り換える「コード・カッティング（cord cutting）」，もしくは有料放送サービスをプレミアムプランからベーシックプランに契約を変更する「コード・シェービング（cord shaving）」という現象が生じている。

1.3 | ストリーミングサービスの形態

米国連邦通信委員会（FCC, 2018）は，動画ストリーミングサービス形態を課金方式別に大きく4つに分類している（**図表3-1**）。1つ目は，**サブスクリプション型サービス**である。これは，**毎月，または毎年一定の料金を支払うことでサービスを利用できる定額制のサービス形態**である。NetflixやHulu，Disney+（ディズニープラス）などが当該形態を採用しており，差別化を図るために，各社でオリジナルコンテンツの制作競争や独占配信競争が激化しているのも特徴として挙げられる。

2つ目は，**ダウンロード型サービス**である。これは**1回の支払いでコンテンツを永久に利用できる形態**である。買い切りなので視聴期間に制限がない

図表3-1　動画ストリーミングサービスの形態

サービスの形態	特徴
サブスクリプション型サービス	毎月，または毎年一定の料金を支払うことで動画視聴できる定額制サービス
ダウンロード型サービス	1回の支払いで永久に動画視聴できるサービス
レンタル型サービス	コンテンツを「一定期間借りる」サービス
広告型サービス	広告を掲載することで，無料で動画視聴できるサービス

（出所）FCC［2018］の資料を基に筆者作成

ことが特長である。最近では，PCなどのストレージ上には保存せず，購入先のサービスを使って無期限でコンテンツを楽しめる形態もダウンロード型サービスに含まれている。DVDをネットで購入するのと違い，一度ダウンロードしてしまえば，購入した直後から移動中でも速度制限を気にせず動画が視聴できるというメリットがある。

3つ目は，**レンタル型サービス**である。この形態は**ダウンロード型サービスに似ているが，価格が安価な代わりに，視聴できる期間に制限がある**（例えば，1週間など）。つまり，商品を「買う」のではなく，「一定期間借りる」サービスである。レンタル期間内でのみ動画視聴が可能であり，契約期間が過ぎたら返却するのが普通である。

最後の4つ目は，**広告型ストリーミングサービス**である。これは**広告を掲載することで，無料で動画視聴できる動画ストリーミングサービスの形態で**ある。無料で動画が観られる代わりに，動画の前や途中に広告動画が流れる。YouTube（ユーチューブ）などが代表例である。動画コンテンツを無料で配信して，広告主から広告費で収益を上げるというのは，地上波テレビ局でも採用されている一般的な事業モデルだといえる。

動画ストリーミングサービスを提供する事業者のほとんどは，**一つの事業モデルだけに頼らず，複数のモデルを必要に応じて巧みに組み合わせて使う場合が多い**。例えば，Amazonの場合，Amazonプライム・ビデオのようなサブスクリプション型サービスを提供すると同時に，映画やテレビ番組に対するダウンロード型，もしくはレンタル型サービスも提供している。YouTubeは基本的には広告型サービスであるが，YouTubeプレミアムのようなサブスクリプション型サービスも提供している。

2 | ストリーミングサービス業界の マーケティング戦略

前節では，ストリーミングサービス市場の現況やストリーミングサービスとは何か，そしてストリーミングサービスの4つの形態について学んだが，

ここでは理論的見地から，動画ストリーミングサービス業界におけるマーケ
ティング戦略について学ぶ。

2.1 | ネットワーク外部性

ネットワーク外部性とは，**需要側の規模の経済**といわれるように，需要側
の客体すなわち消費者などが自ら参加しているスマートフォンやパソコンの
OSなどのような技術的システムのネットワークやサービスの**ネットワーク
などを通じて，ネットワーク規模が大きければ大きいほど，その財やサービ
スによって得られる便益が高まること**を意味する。マーケティング論におい
てネットワーク外部性概念に注目するのは，ネットワーク外部性が存在する
市場では，他の市場にみられないユニークな特徴が存在し，それが情報通信
技術を通じたマーケティング戦略を検討する上で重要な特徴になると思われ
るからである。

ネットワーク外部性が存在する市場，特にストリーミングサービス市場で
は，**ネットワーク外部性の効果によって市場のシェアを獲得するとその市場
において競合他社は市場シェアの対抗手段を取ることが徐々に困難になる。**
つまり，好循環と規模に関する収穫逓増による「**勝者独り占め（winner
take-all）**」という現象により，持続的な競争優位を得ることができるとされ
ている。

ネットワーク外部性は，直接的効果と間接的効果の2種類がある（図表3
-2）。直接的ネットワーク外部性とは，**ある財やサービスのユーザーが増え
ることで，ユーザー一人当たりの便益が直接増加する効果**であり，同じ側の
ネットワーク効果と称されることもある。平たく言えば，ユーザーの数が増
えることにより，そのユーザーが属するグループにとって，プラットフォー
ムの価値が向上あるいは下落する現象である。直接的ネットワーク外部性は，
SNSや特定電話サービス，オンラインゲーム（対戦型や協力型など）などの
ようにネットワークの規模（ユーザー数や端末数など）がそのまま加入者に
とっての利用価値を左右する効果である。

図表3-2　二面性市場戦略

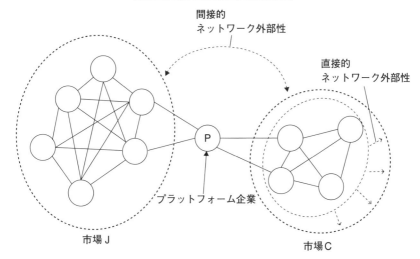

(出所) Katz & Shapiro [1994], p.101

　最近では，Amazonや楽天，YouTubeなどデジタルサービス企業が「デジタル・キュレーション・サービス（digital curation service）」を導入して，直接的ネットワーク外部性を戦略的に創出することもある。キュレーションとは，**企業が個々の消費者にカスタマイズされた製品・サービスを構成し，推奨および配布する活動**である。デジタル・キュレーション・サービスは，顧客全体の過去の取引データ（消費経験）に基づいて統計的解析や推論を行い，個々の消費者にカスタマイズされた商品推奨事項が表示されるため，**顧客全体の規模が大きいほどキュレーション・サービスの精度が向上する**。キュレーションの精度が向上すれば，顧客が体感する効用が増加し，既存顧客の再購入や新規顧客の流入が促進される。つまり，直接的ネットワーク外部性の好循環構造が作られることになる。一方，顧客グループのネットワーク構造や結束強度の違いが直接的ネットワーク外部性と勝者独り占め現象に影響を及ぼすこともある。膨大な情報の中から，情報を集め，選別，共有することで，新たな価値を提供するキュレーション・サービスは，今後もその重要性を増していくと思われる。

一方で，間接的ネットワーク外部性とは，**ある財のユーザーが増えること により，その財の補完財が拡充し，結果的にユーザーの便益が増加する効果**である。ここでいう補完財とは，ある財に対して，それと組み合わせて使用することによってユーザーの便益を高めるような製品・サービスのことである。この間接的効果は，ハードウェアとソフトウェアを組み合わせて使用する財に典型的に表れる。これらの例では，両者がお互いのシェアに影響を与える。ハードとソフト，機器と消耗品，メディアとコンテンツなどは，お互いが存在することによってユーザーの便益を高めているという意味で典型的な補完財である。つまり，ソフトウェアはハードウェアの補完財であり，その販売量はハードウェアの保有台数に比例して増大する。間接的ネットワーク効果は，**プラットフォーム（platform）と補完製品で構成されるエコシステムや，外部の生産者と消費者から構成される二面性市場（two-sided market）のプラットフォーム事業に典型的に見られる**。

　図表3-2に示すように，JとCから構成されるビジネス・エコシステム（生態系）があるとする。このビジネス・エコシステムでは，直接的・間接的ネットワーク外部性が発生している。市場Cのユーザー増加が，さらなる市場Cのユーザー増加を引き起こす現象が直接的ネットワーク外部性である。それに対して，市場Jにおけるユーザー規模の増加が，市場Cのユーザー規模増加を引き起こす現象が間接的ネットワーク外部性である。

2.2 │ 再販戦略 vs. 二面性市場のプラットフォーム戦略

2.2.1 │ 再販戦略

　事業モデルでいう「プラットフォーム」とは，実は「**パイプライン（pipeline）**」の対概念である。従来のビジネスではパイプライン型が基本であり，それがプラットフォーム型のビジネスによって弱体化されたり，従属させられたり，さらには崩壊に追い込まれるようになってきた。パイプライン型は，一般的に石油や天然ガスなどを輸送する巨大な導管がイメージされる。つまり，円筒形をイメージするとわかりやすい。その特徴は直接的であ

図表3-3　パイプライン型事業モデル

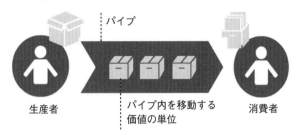

（出所）筆者作成

ること，そして円筒形の左側から右側に向かって，製品や活動における工程がバトンのように次々とリレーされ（サプライチェーン），あるいは段階的に価値を高めていく（バリューチェーン）といったイメージである。バリューチェーンやサプライチェーンという概念は，このパイプラインのメタファー（隠喩）を前提にしている（図表3-3）。

　バリューチェーンは，川上から川下に向けて，素材⇒部材⇒部品⇒製品といった段階ごとに価値が付加され，最終的にユーザーに渡る段階で最高価値になることが意図されている。また，製品やサービスを供給側から需要側に届ける一連の工程は直線的なサプライチェーンである。商品が工程を次々とバトンタッチされていくところは，石油がパイプラインの中を流れていくイメージと重なるだろう。家電業界は家電製品を，飲食産業は飲料や食品を，そして従来型の旅行代理店はパッケージ商品を次々とこのパイプラインという流通経路に流し続けようとする。いずれのチェーンも基本は直線的な一方通行であり，パイプラインの特徴となっている。パイプライン型ビジネスの一形態として，再販モデル（reseller）がある。再販モデルは，**外部のサプライヤーから製品・サービスを購入し，エンドユーザーに転売する事業モデル**である。

　再販事業は，デジタルサービス企業でもよく見られる。代表的な企業として，音楽配信サービス企業のSpotify（スポティファイ）や動画配信サービス企業のNetflix，Amazonプライム・ビデオ，Disney+などが挙げられる。

こうした企業は，**多数の外部コンテンツメーカーからコンテンツを大量に購入し，それをエンドユーザーに提供してサービスの利用料や広告掲載料などで収益を得ている。**

2.2.2 | 二面性市場のプラットフォーム戦略

　二面性市場のプラットフォームは，**属性の異なるグループ（買い手と売り手）が存在する中，両者の取引や相互作用を仲介することで，その見返りとして両側または片方からの手数料で収益を得ている。**プラットフォームとは，特定のビジネス・エコシステム内で，様々なプレイヤーによる価値交換を円滑化するために，デジタルを活用した仮想空間としての取引の場を提供する事業モデルである。プラットフォームは単なる取引仲介者としての役割を超え，市場に規律を与え，取引を円滑化させる調整機能も果たしている。二面性市場のプラットフォームは，スマートフォンやゲームコンソールのようなハードウェア・プラットフォーム，Google（グーグル）のアンドロイドのようなソフトウェア・プラットフォーム，カーシェアリングサービスのようなデジタルサービス・プラットフォームなど，様々な形態がある。**二面性市場のプラットフォームが競争優位を確保するためには，プラットフォームのエコシステムを構築し活性化させることが重要**である。

　図表3-4に示すように，二面性市場におけるプラットフォーム・エコシステムの構成要素は，プラットフォーム，生産者，消費者に区分され，プラットフォームは再びプラットフォームの所有者とプラットフォームの提供者に分類される。生産者は，プラットフォームで取引される製品・サービスを生産してプラットフォームに提供し，消費者はプラットフォームを介して希望する製品・サービスを購入し利用する。プラットフォームは多数の生産者と消費者が相互作用または取引ができるように，インターフェースを設計，所有，運営する役割を持っている。プラットフォームの所有者は，インターフェースの知的財産権を所有し，プラットフォームの使用ルールを定める役割を持ち，プラットフォーム提供者は多数のプラットフォームユーザーにインターフェースを提供し運営する役割を果たしている。プラットフォームの

図表3-4　プラットフォーム型事業モデル

プラットフォーム

価値

生産者　　　　　　　　　消費者

（出所）筆者作成

所有者と提供者は同一企業の場合もあり，そうでない場合もある。プラットフォーム企業はエコシステム内の生産者がより多くの収益を得られるように支援し，それを通じてエコシステムを拡張させることができれば，長期的に競争優位性を維持することができるとされている。

　デジタルサービス企業が氾濫し，競争が激化している中，デジタル再販サービスと二面性市場のデジタルプラットフォームサービスを明確に区分することはますます難しくなっている。なぜなら，デジタルサービス企業が「戦略的」に再販モデルからプラットフォームモデルへ，あるいはプラットフォームから再販モデルへ事業モデルを転換したり，**Amazonのように再販事業とプラットフォーム事業を並行して行う場合もある**からである。両者を区分する明確な基準は，エンドユーザーに提供される製品・サービスの需給方式と価格決定のメカニズムにある。再販事業では，再販業者がメーカーから大量に商品を購入し，そこに適正なマージンを乗せた販売価格を決定して消費者に再販する仕組みとなっている。一方，プラットフォーム事業ではメーカーが商品の販売価格を決定した後，プラットフォームのインターフェースを利用して消費者に販売し，商品の販売代金の一部をプラットフォームに手数料として支払う仕組みとなっている。

プラットフォーム事業は，なぜ「一人勝ち」になりやすいのか？

　今日，経済のデジタル化に伴い，デジタル・プラットフォーム企業に注目が集まっている。プラットフォーム事業は，二面性市場の特徴を有していることから，特定の企業による一人勝ちの傾向が起きやすいと言われている。**二面性市場とは，売り手と買い手の2者間で完結する一面性市場ではなく，両者の間に必ず仲介者が存在し，その仲介者を介して取引する市場**である。Netflix，Google，Amazonなどが好例である。

　二面性市場は，プラットフォームに属する加入者が多ければ多いほど，それだけ利用者の便益が高まり，さらに加入者を呼び込むという特徴をもつ。あるフードデリバリーアプリの利用者数が爆発的に増加したと仮定するなら，多くの飲食店はそのアプリの加盟店になろうとするだろう。こうして，アプリを利用する加盟店が増えれば個々の利用者の利便性が増し，今度は逆に，そのアプリに魅力を感じた利用者が殺到し，加入者が増える。一方が大きくなれば，他方も大きくなり，その結果全体の加入者増加につながり，好循環が生まれるようになる。これはネットワーク外部性の効果が影響しているからである。

　ネットワーク外部性は，広がり始めると限りなくその手段に集約されるという特徴を有している。つまり，「一人勝ち」になりやすい構造を持っている。中国ではQRコード決済が主流となり，利用率は98％以上と言われている。そのシェアのほとんどはAlipay（アリペイ）とWeChat Pay（ウィーチャットペイ）という2社が占めている。日本の場合，QRコード決済の利用率は2021年4月調査で54％と過去最高を記録している。現在，10数社がしのぎを削っており，今後どの企業が市場を制するのか，注目したい。

2.3 | 垂直統合戦略

　図表3-5に示すように，垂直統合（Vertical Integration）は，**生産活動から販売活動までの諸段階の企業活動を縦の系列で統括するもので，原料調達，加工，販売に至るまですべて直接投資を行うもの**である。すなわち，企業がバリューチェーンの中で，どれだけの活動に携わっているか，その度合いを表したものである。例えば，メーカーの場合，従来他の企業から購入していた原材料，半製品を自社生産に切り替えたり，最終消費者により近い生産あるいは流通段階にある新製品，販売サービスの生産などを自社内で行っ

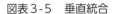

図表3-5　垂直統合

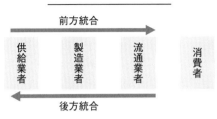

（出所）筆者作成

たりすることがこれに当たる。前段階への進出を前方統合，後ろの段階への進出を後方統合と呼ぶ（**図表3-5**）。

　垂直統合は，取引費用理論を基盤としている。取引費用理論によれば，垂直統合は企業が必要なバリューチェーン上の活動を，市場を通じて取引する際，当該活動を組織内部で行う際に発生する調整費用より大きい場合に起こる。つまり，階層的支配構造の程度が高い資産の特殊性や契約の不完全性による不確実性，特に行動上の不確実性などが機会主義的行動を減少させかねないため，企業は垂直統合を選択する可能性が高い。

　垂直統合は，企業の成果にポジティブな影響を及ぼすことができる。企業は垂直統合を通じてバリューチェーン全体の中間コストを抑え，「規模の経済」や「範囲の経済」を実現することができるからである。また，取引コストを節約して効率性を高めたり，販売や購買において取引の交渉力を向上させたりすることもできる。ただし，垂直統合を実施している企業は，**事業領域が拡大することで，自社が得意とする専門領域が希薄になり，ブランド力の低下を招くことがある**。つまり，経営資源の分散が生じることで特定領域での能力向上が困難となり，その結果，市場競争力の低下を招く恐れがある。また，内部化することで生じる設備投資や経費の増加から資金不足を招いて企業全体として競争力が低下し，業績に深刻な悪影響を及ぼす場合も考えられる。

　以上，理論的見地からストリーミングサービス業界において一般的に適用されている4つのマーケティング戦略について学んできた。ネットワーク効

果や再販戦略，二面性市場におけるプラットフォーム戦略，垂直統合戦略の違いを正しく理解することで，ストリーミングサービス市場あるいは業界全体を俯瞰して，それぞれの企業のマーケティング戦略を的確に分析することができるだろう。次章では，ここで学んだ理論的フレームワークを用いて，業界トップの「Netflix」について事例分析を行う。

考えるヒント

■ ネットワーク外部性の働く製品・サービスを一つ取り上げ，その理由について考えてみよう。

■ 二面性市場におけるプラットフォーム戦略を実行して大きな収益を収めた企業・サービスを一つ取り上げ，その根幹の理由は何かについて考えてみよう。

第4章

動画ストリーミングビジネス （事例編）

- 本章では，世界最大級の動画ストリーミングサービス事業者であるNetflix のマーケティング戦略について学ぶ。

- メディア業界に一大革新をもたらした同社は，外部のコンテンツメーカー から良質なコンテンツを大量に購入し，それを消費者に再販売することで， 早期にストリーミングサービスを市場に定着させることに成功した。

- ただし，同社はコンテンツ供給元からの過度な著作権使用料の値上げ要求 に直面し，事業存続の危機に瀕することになるが，戦略的な後方統合を行 うことで，再販事業から抜け出し，自社内でコンテンツを直接制作するコ ンテンツメーカーとしてのポジションを固め始めた。

- 顧客の視聴行動などビックデータを解析して加入者の好みにあったオリジ ナルコンテンツを制作し，独占配信することで，新規加入者の獲得だけで はなく，リピーターも着実に増やしている。

- また，オリジナルコンテンツは，「ローカルからローカルへ」だけでなく， 「ローカルからグローバルへ」という視点で作られ，世界的な加入者獲得 に大きく貢献している。

- しかし，同社の後方統合戦略は，既存のコンテンツメーカーの前方統合を 促すなど「諸刃の剣」にもなることから，長期的な観点から二面性市場に おけるプラットフォーム戦略を導入するなど，より戦略的な取り組みが必 要である。

1 | Netflixの成長サイクル

　ここでは，前章で検討した理論的フレームワークを用いて，業界トップの Netflix（ネットフリックス）のマーケティング戦略について学ぶ。**図表4-1**に示すように，同社は2020年第4四半期（10〜12月）の決算を発表し，年間収益は前年比24％増の250億ドルを達成し，営業利益は前年比76％増の46億ドルを記録した。以下では，まず，同社を成功に導いた歴史を振り返る。1997年，同社の創業者リード・ヘイスティングス（Reed Hastings）は，共同創業者のマーク・ランドルフ（Marc Randolph）と共に，米国カリフォルニア州のスコットバレー（Scotts Valley）という小さな町で，**実店舗を持たずDVD宅配レンタルサービスを提供する会社**であるNetflixを設立した。同社は，その後，持続的成長を支える**事業モデルの革新を通じて，ストリーミングサービスを提供するグローバル企業として高成長**を遂げている。同社の成長サイクルは，**DVD宅配レンタル事業の創業と成長，ストリーミングサービスへの事業モデルの転換，グローバル市場への挑戦**の3つのステージに分類することができる。

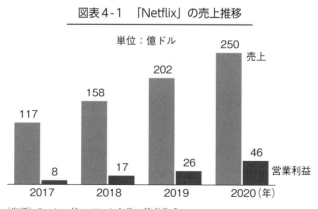

図表4-1　「Netflix」の売上推移

（出所）Strainer社のデータを基に筆者作成

44

1.1 | DVD宅配レンタル事業の創業と成長

　元数学教師でプログラマーでもあったリード・ヘイスティングスとマーケティングの専門家だったマーク・ランドルフは，Netflixの創業以前からソフトウェア会社「Pure Software（ピュア・ソフトウェア）」を共同で運営していた。彼らは，同社を1997年にRational Software（ラショナルソフトウェア）社に700万ドルで売却し，同年，Netflixを創業した。Netflixという社名は，**インターネットを意味する「Net」と映画館を意味する「flicks」を組み合わせて作ったもの**で，「ネット上の映画館」という同社の追求するビジネスモデルを象徴するブランドネームであった。

　同社は，**サービス利用の利便性の高さ，低価格，コンテンツの充実**など，マーケティングの観点から事業モデルの革新を通じて，オフライン店舗を中心としたDVD宅配レンタル事業をインターネット利用によるオンライン事業に転換させた。1998年からウェブサイトと郵便システムを活用してDVDレンタルサービスを開始した。顧客は同社のウェブサイトで簡単な会員登録を行い，借りたいDVDを注文すると，自宅まで注文したDVDが配達される仕組みである。見終わったDVDは返却封筒に入れて近くの郵便ポストに投函するだけで返却が完了する。

　創業初期はレンタルビデオ最大手のBlockbuster（ブロックバスター）と同じく，レンタル料と延滞料を取る料金制を導入して運営していたが，1999年にBlockbusterとの差別化を図るため，**月額料金を支払う顧客には最大4本のDVDを無期限プランで貸し出しするサービスを開始した。2000年には延滞料なしの完全月額定額制を導入**することになる。その結果，次第に多くのアメリカの顧客はリアル店舗でDVDをレンタルする代わりに，延滞料の心配なしでDVDを送ってもらえる同社のレンタルサービスを利用するようになる。同社は，その後も順調に成長を続け，**2002年5月に米国株式市場NASDAQ（ナスダック）への新規上場**を果たすことになる。ただし，その後，Blockbusterにより同社のサービスが模倣されたり，あるいはWalmart

（ウォルマート）やアマゾンなど大手流通業者がオンラインDVDレンタル事業に新たに参入したりして，同社は一段と厳しい競争環境に直面するようになる。

1.2 ストリーミングサービス事業への転換

　競合他社との差別化に悩んでいた同社は，インターネットの発達やオンデマンド型動画配信の普及，そしてスマートフォンやタブレットに代表されるスマートデバイスの登場など，外部環境の変化から新たなビジネスチャンスを獲得し，2007年から既存顧客を対象に「**ウォッチ・インスタントリー（Watch Instantly）**」の名称で**動画ストリーミングサービスを開始**した。つまり，月額会員はテレビやスマートフォンなどを使用してウェブサイトで映画やドラマ，アニメ作品など，必要なコンテンツを追加料金なしで利用可能となった。なお，同社は「**ウォッチ・インスタントリー**」で**提供する動画コンテンツに広告を挿入しなかった**。

　当時，ケーブルテレビの中間広告に不満を抱いていた米国の視聴者は，月額8ドル〜9ドル（約870円〜980円）で従来のようにDVDも借りられる上，**広告なしで動画コンテンツをネット上で簡単に利用できる**同社のサービスを熱狂的に歓迎した。その結果，多くの新規加入者を獲得し，2007年には有料会員数759万人を記録，動画ストリーミングサービス市場を先取りし，2009年にはDVDレンタル業界の絶対強者だったBlockbusterの売上高を上回る業績を残した。2010年，同社は事業モデルを月額定額制に移行し，**2012年には自社内でオリジナルコンテンツを制作するため，コンテンツ制作業界にも直接参入**するようになる。

1.3 グローバル市場への挑戦

　同社は，2010年に隣国のカナダを皮切りに，海外市場の開拓に積極的に乗り出す。中国やシリア，クリミア，北朝鮮を除いて，**世界190カ国以上の国**

で同社のサービスが利用できる。日本には2015年9月1日に上陸した。この5年で有料会員数が500万人を突破したほか，**50本以上の日本発のオリジナル作品を世界190カ国へ配信**するなど，年々存在感を強めている。

アイルランド・トリニティ大学経営大学院のルイス・ブレナン（Louis Brennan）教授は，2018年10月に『ハーバードビジネスレビュー』に寄稿したコラムで，Netflixが190カ国に8年で展開できた理由について，「指数関数的なグローバル化（exponential globalization）」という言葉を用いて説明している。**各国特有の知識や文化を理解することが，現地市場での成功には欠かせない要因**であり，その違いに敏感，かつスピーディに対応できたことが，顧客の信頼獲得や良好な関係構築につながっていると述べている。

図表4-2 「Netflix」の地域別有料会員数

単位：千人

■アジア太平洋
■ラテンアメリカ
■欧州・中東・アフリカ
■US・カナダ

	2017	2018	2019	2020 (年)
合計	110,644	139,259	167,090	203,663
アジア太平洋	6,501	10,607	16,233	25,492
ラテンアメリカ	19,717	26,077	31,417	37,537
欧州・中東・アフリカ	26,004	37,818	51,778	66,698
US・カナダ	58,422	64,757	67,662	73,936

（出所）Netflix Investorsのデータを基に筆者作成

同社は，2017年第2四半期から米国外の有料会員数が米国の有料会員数を超え，2019年第1四半期基準では米国外の有料会員数が約9360万人（約60％），米国の有料会員数は約6180万人（約40％）と集計された。2020年は新型コロナウイルス感染拡大による巣ごもりも手伝い，1年で3600万人の会

員を獲得し，同社の総加入者数は全世界で2億人を超えたことが明らかになった（**図表4-2**）。2010年に事業モデルを動画ストリーミングサービスへと完全に転換し，海外市場に参入したことを鑑みると，同社は事実上，**ここ10年で，米国内のローカル企業からグローバルトップ企業へと躍進し**，その地位を確固たるものにしつつある。

2 Netflixのマーケティング戦略

　Netflixの急成長の秘訣は何か。動画ストリーミングサービスの開始当初は，**図表4-3**に示すように，外部のコンテンツメーカーからデジタルコンテンツを大量に購入し，再販したが，以後，競争環境の変化に対応するため，**再販事業とオリジナルコンテンツ制作事業を同時に進める**ようになる。戦略的に複数の事業を組み合わせることで，動画ストリーミングサービス業界において圧倒的な競争優位を確保しグローバル化の成功につなげている。以下では，同社のマーケティング戦略と実行プロセスを分析し，主な成功要因に

図表4-3　「Netflix」のビジネスモデル

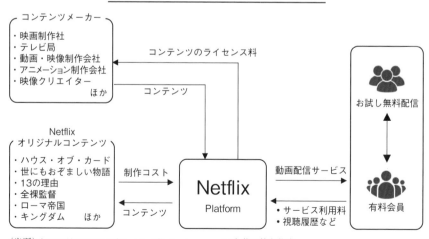

（出所）https://www.garyfox.co/netflix-business-modelを基に筆者作成

ついて学ぶ。

2.1 | キュレーション・サービスによるネットワーク効果

　同社は，動画ストリーミングサービスを開始する前の2000年から，組織内のビックデータを活用した「シネマッチ（Cine Match）」と呼ばれる高性能なレコメンドエンジンを導入していた。シネマッチは，**数学やコンピュータ工学，統計的推論**などを基に，**顧客のDVDレンタル履歴データを解析し，各ユーザーにカスタマイズしたコンテンツを推薦するシステム**である。同社は，シネマッチのアルゴリズムの正確さ（推薦の適合性）を向上させることに重点を置き，システム改善を重ね，動画ストリーミングサービスの開始後も，それを積極的に活用した。

　具体的には，オンラインで配信されるすべての動画コンテンツの登場人物，制作スタッフ，ジャンル，テーマ，背景，制作地域，内容的特性（暴力性など），エンディングの特性，主人公の特性，顧客の年齢層などの情報を体系的にコード化した。顧客の視聴パターンについては，顧客の属性情報とともに，顧客がどの地域で，どのようなデバイスを使って，どのようなコンテンツ（映画やドラマなど）を視聴し，それぞれのコンテンツをどれくらいの時間視聴し，新作コンテンツをどれだけ集中的に視聴したかなど，あらゆる顧客の視聴情報がデータベース上に蓄積されている。

　こうしたキュレーションアルゴリズムは，「協調フィルタリング方式（Collaborative Filtering）」を採用している。協調フィルタリング（レコメンド機能）は，**多くの顧客のコンテンツ利用履歴を基に，ある顧客と嗜好の類似した他の顧客の情報を用いて，顧客の好む動画コンテンツを自動的に予測する分析手法**である。すなわち，似たような嗜好をもつ既存の顧客が満足しているコンテンツのうち，対象顧客がまだ視聴していないコンテンツを推薦してくれるアルゴリズムである。

　同社の会員は，会員登録をする際に，同社が提供できる多様なジャンルの中から好みのコンテンツを複数選択するようになっている。この選択情報と

最も類似した嗜好を持つ多数の既存顧客のコンテンツ利用履歴を基に，新規加入者が気に入りそうなコンテンツを自動的に見つけてくれる。その後も，加入者の使用履歴やコンテンツの評価データによって，類似したニーズを持つ顧客グループの構成が変わり，「○○さんにイチオシ！」，「○○をご覧になったあなたへ」のコンテンツリストも継続的に更新されていく。つまり，同社の顧客は情報探索に別途時間やコストをかけなくても，自分の好みに合った動画コンテンツを自動的に推薦してもらえるようになる。

　こうした同社のサービスは確率推論アルゴリズムをベースとしており，**利用者数の増加に伴い，顧客タイプ別利用履歴データも増加することによって精度が大きく改善**されることが確認できる。つまり，利用者規模が大きくなるにつれ，個別利用者が同社のキュレーション・サービスから得る便益も大きくなるのである。したがって，**利用者規模とキュレーション・サービスの精度との間には，直接的なネットワーク効果が働いている可能性が高い**。実際に，米国で実施されたアンケート調査では，回答者の4割が同サービスを同社の魅力の一つであるとし，同社の利用者が視聴するコンテンツの8割は，同社からの「おすすめコンテンツ」であることが明らかになった。

COLUMN 4-1

「Netflix」を支える企業文化

　最近，「Netflix」が「多様性（diversity）と包容性（inclusion）の推進に関するレポート」を発表した。2018年にリリースされた同社制作による映画126本とドラマシリーズ180本を対象に，出演者と制作スタッフのダイバーシティを調べたところ，いずれも高い確率で，女性が活躍していることが明らかとなった。特に，映画とドラマ双方における女性の主演作品数が50％以上を占め，うち有色人種を主役にした作品数も映像業界をリードしていることや，さらに，女性の監督による作品は全体の23.1％と，ハリウッドの7.6％を大きく上回っていることが確認された。

　一方で，ラテン系やネイティブアメリカン，アラスカやハワイの先住民，LGBTQ，障害を持つ人々などのマイノリティを対象にした映画作品数はいまだ少なく，「人種的・民族的な多様性はまだ同社の望む水準に達していないため，さらなる努力が必要」と結論付けている。それにもかかわらず，同社がこうしたデータを積極的に公開するのは，マイノリティを含む，あらゆるバックグラウンドを持つ人が共感できる作品を作ることが

映画に真の多様性をもたらすことだと判断したからであろう。多様性を包容する同社の企業文化が、Netflixの革新的な力を強化し、他社との違いを生み出す源泉となっていると考えられる。

2.2 | 再販モデルによる動画ストリーミングサービスの開始

同社は、動画ストリーミングサービス市場に参入し、「20世紀フォックス（2016年7月当時名称）」などハリウッドの映画会社や「NBC」など大手のコンテンツ制作会社、多数のスタジオとライセンス契約を締結した。これらの企業から映画やドラマ、ドキュメンタリー、アニメーションなど、様々な良質な動画コンテンツを配信する権利を得た。当時、コンテンツ制作会社は、Netflixの市場潜在力をあまり評価せず、低いロイヤリティで人気のあるキラーコンテンツ（魅力的なコンテンツ）を提供していた。

Netflixが多種多様なコンテンツを多く提供すればするほど、顧客が感じる同社の利用価値は高まり、またそれは既存顧客のリピート率向上や新規顧客の獲得につながる。さらに、同社の有料会員が増えれば、今度はまたNetflixが確保可能な外部コンテンツの規模と多様性の増大につながっていく。その結果、売上向上によりコンテンツのライセンスに係る権利の使用料に投入できる資金確保や金融機関からの資金調達が容易になる。これは、コンテンツメーカーが、Netflixにコンテンツ供給を増加させる誘因となった。なお、ケーブルテレビやIPTVなど既存メディアの視聴者離れが起こることで、コンテンツメーカーは規模の経済による更なる収益向上を狙って、Netflixに自社のキラーコンテンツを継続的に供給するようになる。

このように、同社はコンテンツメーカーとの強力な連携を通じ、短時間で効率的に消費者の利用価値を高めることで、米国のメディア市場から大きな注目を集めた。その結果、同社は動画ストリーミングサービス市場で主導権を握り、高収益を上げるが、**外部のコンテンツメーカー（例：映画会社、テレビ局など）からコンテンツ使用料の大幅な引き上げを要求**されるようにな

る。これらのコンテンツメーカーは，従来のテレビ局や映画館とともに，「Amazon プライム・ビデオ」のような他の動画ストリーミングサービス企業にコンテンツを供給することで，Netflixへの価格交渉力を強めた。同社は，業界トップのリーディングカンパニーであるにもかかわらず，**ライセンス使用停止により，本来の再販事業が大きな危機を迎える**ようになる。

2.3 | オリジナルコンテンツ制作による垂直統合

こうした状況の中，同社はこれまでの「再販事業戦略」を見直し，**自社内でコンテンツを直接制作する「オリジナルコンテンツ戦略」を打ち出す**。図表4-4に示すように，1作品当たり数十億円の制作費を投入して，2012年からオリジナルコンテンツを制作し始め，2020年にはその投資額が173億ドル（約1兆9000億円）と年々増加傾向にある。

オリジナルコンテンツの制作は，検証済みの外部コンテンツのライセンスに比べて，**失敗のリスクが高く，巨額の初期投資が必要であるため，かなり挑戦的な企画**であった。ただし，同社は2012年基準で世界中に約3000万人の

図表4-4　オリジナルコンテンツへの投資額の推移

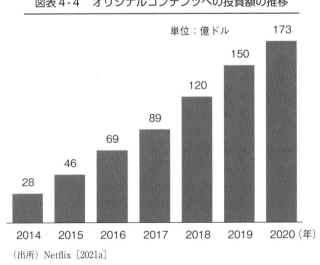

（出所）Netflix［2021a］

有料会員を有することもあって，規模の経済性を働かせて安定した収益を得ることができると判断し，思い切ってコンテンツ制作業界への参入を決めたのである。結果的に，同社は短時間で安定した成長を続ける世界的なコンテンツ制作会社にまで成長することができた。コンテンツメーカーとしてのNetflixの成功要因は，何といっても**顧客の膨大なデータ（ビッグデータ）を活用した「個別化された顧客経験」を提供している点**にあるだろう。実際，利用者の視聴の80％以上が同社からの「レコメンデーション」をきっかけに行われているとされ，先述した「キュレーション・サービス」が顧客のサービス体験を形作る上で重要な役割を担っている。

　同社のオリジナルコンテンツは，**基本的にビックデータ解析を基に企画から制作までを手掛けている**。つまり，顧客の好むコンテンツの属性を明らかにし，それをコンテンツの企画や制作，流通に反映させている。例えば，同社はイギリスのBBCからドラマ『ハウス・オブ・カード 野望の階段』の原作のライセンスを購入し，BBCドラマを好む顧客のドラマ再生記録や一時停止および巻き戻し地点，ユーザー評価，位置情報，端末情報などを幅広く解析した。その結果，BBCドラマが好きな顧客は，『ベンジャミン・バトン 数奇な人生』を演出したデヴィッド・フィンチャー（David Fincher）監督や俳優ケヴィン・スペイシー（Kevin Spacey）が登場する作品を好んでい

図表4-5　「Netflix」オリジナルの日本作品

作品名	配信年	作品名	配信年
アンダーウェア	2015	Jimmy	2018
火花	2016	宇宙を駆けるよだか	2018
深夜食堂	2016	全裸監督	2019
野武士のグルメ	2017	フォロワーズ	2020
100万円の女たち	2017	愛なき森で叫べ: Deep Cut	2020
さぼリーマン甘太朗	2017	呪怨: 呪いの家	2020
炎の転校生 REBORN	2017	今際の国のアリス	2020
僕だけがいない街	2017	クリエイターズ・ファイル GOLD	2021
モブサイコ100	2018	新聞記者	2021

（出所）https://www.imdb.comのデータを基に筆者作成

ることが確認できたので，彼らを起用したドラマを制作した。

　同社のオリジナルコンテンツ戦略は大成功を収める。2013年『ハウス・オブ・カード　野望の階段』を発売した直後，創業以来最大の売上を記録し，第1四半期だけで300万人の新規加入者を獲得することができた。同社は，同作品以外にも『オレンジ・イズ・ニューブラック』，『世にもおぞましい物語』，『13の理由』，『サバイバー：宿命の大統領』，『ローマ帝国』，『ウィッチャー』など，数々の有名作品を制作し，市場から高い評価を受けている（図表4-6）。米国以外でも各国でオリジナルのコンテンツを制作しており，日本の作品としては吉本興業と共同でベストセラー小説を原作とする『火花』と，オリジナルドラマ『全裸監督』や『今際の国のアリス』などが世界的に高評価を得ている（図表4-5）。ビジネスモデルの特性上，広告収入のない同社は，コンテンツ制作費用の負担を軽減するため，2012年に月額料金を値上げしたにもかかわらず，同社の加入者一人当たりの平均売上高と，有料会員数は継続的に増加した。

　一方で，同社の後方統合戦略はメリットとデメリットを併せ持つ「諸刃の剣」のような存在である。メリットから見ると，同社は**オリジナルコンテンツ制作により，外部のコンテンツメーカーへの価格交渉力の強化とともに，顧客に良質で多様なコンテンツを提供**することができた。また，**オリジナルコンテンツを同社で全世界独占配信することで，新規顧客の獲得に加えて既存顧客の流出を防ぐ**ことができた。

　ただし，こうした同社のオリジナルコンテンツ制作および独占配信戦略は，長期的に有料会員に提供できるコンテンツの多様性や規模を縮小させ，全体的な収益性向上にマイナスの影響を及ぼす可能性がある。また，同社の後方統合は，コンテンツメーカーの前方統合を促す要因にもなりかねない。実際に，Walt Disney（ウォルト・ディズニー）やWarner Media（ワーナーメディア）など大手のコンテンツメーカーは，Netflixに対抗するためにライセンス解除や川上の動画ストリーミングサービス業界に直接進出しており，実際にそのリスクは顕在化している。

　Walt Disneyによる動画配信サービスDisney+（ディズニープラス）は，

2019年11月に米国などでサービスを開始し，Netflixとの全面的な顧客獲得
競争に突入しており，競争環境は一層厳しいものとなっている。同時に，
Netflixに提供していたキラーコンテンツのライセンス契約も全面終了と
なった。Disney+のサービス開始後，Netflixの時価総額は11％も下落した。
オリジナルコンテンツの制作により，キラーコンテンツを安定的に確保する
とともに，外部コンテンツとの価格交渉力を高め，コンテンツの需給安定と
コストの低減を図ろうとしていた同社は，再び危機に直面することとなった。
高品質なコンテンツの特性上，制作費削減の限界と商業的に成功するという
保証の欠如により，同社が外部コンテンツの調達とオリジナルコンテンツの
制作だけで，十分な質のコンテンツ量の確保や多様性を継続的に維持するこ
とはますます困難になると思われる。

図表4-6　「Netflix」のオリジナル代表作（海外作品）

作品名	配信年	作品名	配信年
ハウス・オブ・カード：野望の階段 (House of Cards)	2013	マルセイユ (Marseille)*	2016
オレンジ・イズ・ニュー・ブラック (Orange is the New Black)	2013	ゴージャス・レディ・オブ・ レスリング（GLOW）	2017
ボージャック・ホースマン (BoJack Horseman)	2014	親愛なる白人様 (Dear White People)	2017
マスター・オブ・ゼロ (Master of None)	2015	13の理由 (13 Reasons Why)	2017
ナルコス（Narcos)*	2015	クイックサンド：罪の感触 (Quicksand)*	2019
アンブレイカブル・キミー・シュミット (Unbreakable Kimmy Schmidt)	2015	ウィッチャー (The Witcher)	2019
グレイス&フランキー (Grace and Frankie)	2015	ザ・ポリティシャン (The Politician)	2019
ザ・クラウン（The Crown）	2016	キングダム（Kingdom)*	2019
ストレンジャー・シングス 未知の世界（Stranger Things）	2016	ボクらを見る目 (When They See Us)	2019
サバイバー：宿命の大統領 (Designated Survivor)	2016	ルパン（Lupin)*	2021
		イカゲーム（Squid Game)*	2021

（出所）Netflixのデータを基に筆者作成。*現地化作品

2.4 | グローバル市場への迅速な展開

　米国のローカル企業としてスタートした同社は，海外の有料テレビ事業者との戦略的提携を通じて海外市場に順次参入していくことで，現地の利用者を拡大し，その結果参入障壁を低くすることが可能となった。有料テレビ事業者は，大きくケーブルテレビ事業者とIPTVサービスを提供する事業者に分類される。提携方式としては，セットトップ・ボックスに同社のサービスを統合させる方式，通信料金制に同社の無料プロモーションを含む方式，通信会社と加入および料金制を統合させる方式，などが挙げられる。同社は，動画ストリーミングサービス業界での優越的地位を活かし，現地事業者との交渉も優位に進めることができる。**現地事業者が保有している現地利用者を同社の有料会員になってもらうよう努めている。**現地事業者は，自社顧客に違うデバイスを用いてNetflixのコンテンツを視聴させるより，自社のセットトップ・ボックスを通じてNetflixのコンテンツを視聴する方が視聴者の便益に資するというプロモーション活動を積極的に繰り広げている。

　映画やドラマ，アニメなどのコンテンツは，無形資産として海外市場への移転が比較的容易であり，「字幕」や「吹き替え」機能が追加される場合，海外の顧客でもネット基盤のデバイスさえ持っていれば，誰でも利用することができる。同社は，海外で現地のコンテンツメーカーと提携して現地向けのオリジナルコンテンツを制作し，これを世界に同時配信するか，もしくは本国の米国で制作されたオリジナルコンテンツを海外市場向けにリメイクして海外市場に配信するという戦略を取っている。

　同社は，海外市場に進出する際に，**現地のコンテンツメーカーと提携を結び，現地の監督や俳優，制作スタッフを採用して，現地に密着したコンテンツを制作**している。コンテンツの現地化戦略は，南米やフランスなどの国に参入する際に特に効果的であった。例えば，『ナルコス』は，同社が南米市場に進出するためにコロンビアをドラマの背景として設定し，ブラジル出身の監督，俳優などを起用して制作したドラマシリーズである。ブラジルで制

作された『3％』は，ブラジルで最も視聴された同社のオリジナルシリーズとなった。メキシコを舞台にして制作された『クラブ・デ・クエルボス』，フランスで制作された『マルセイユ』，『ルパン』なども同社の現地市場参入に大きな役割を果たした作品である（図表4-6）。

　同社は，海外で制作されたオリジナルコンテンツを，本国の米国をはじめとする世界各国の加入者に供給することにより，十分な質のコンテンツ量と多様性を確保することができた。例えば，スウェーデンで制作された『クイックサンド：罪の感触』は，世界で最も視聴されたコンテンツの一つであり，韓国で制作された『キングダム』は「Netflixで視聴可能な世界最高のホラーシリーズ」と評価され，全世界の数百万人の有料会員が視聴したオリジナルコンテンツである。

　最近では，2021年9月17日から世界配信が始まった同社オリジナル韓国ドラマシリーズ『イカゲーム』が世界中で爆発的人気となっている。動画配信ランキングサイト「FlixPatrol」によると，観測を行っている124カ国中83カ国でテレビシリーズ部門トップ10にランクインし，うち78カ国では1位を記録している。また，同社の共同CEO兼コンテンツ最高責任者であるテッド・サランドス氏は，あるメディア業界のイベントで，『イカゲーム』がNetflix史上最も人気のあるコンテンツになる可能性を示唆し，「世界的な人気は予想外だった」と述べた。

　同社がライセンス契約を通じて確保したコンテンツの場合，海外市場に進出する度に，コンテンツメーカーの国際化戦略を考慮し，様々な利害関係者とのライセンス契約を別途締結する必要があり，これにより発生する取引コストも高かった。つまり，契約により外部から調達したコンテンツだけでは新たな海外市場を積極的に開拓することが困難であった。一方で，同社のオリジナルコンテンツは，こうした制約から解放されたため，コンテンツの規模と多様性を拡張する上で大きな原動力となった。また，外部コンテンツのライセンス契約が解除されても，**オリジナルコンテンツのお陰で既存顧客の離脱・流出を防ぐ**ことができた。同社がオリジナルコンテンツ制作にこだわる理由はここにある。

以上から，同社の成功要因は大きく4つにまとめられる。第1に，同社は従来のメディア企業とは異なり，ビックデータ解析を基に，視聴者ごとに個別最適化されたキュレーション・サービスを提供することで，**会員基盤の直接ネットワーク効果を創出**した点である。第2に，同社は再販事業を基盤とした定額制動画配信サービスをいち早く提供することで，**動画配信サービスを市場に早期定着**させることができ，**同業界で確固たるポジションを築く**ことに成功した点である。第3に，同社はこれまでの再販事業が危機に瀕すると，**組織内のビックデータ解析を通じて加入者の好みに合ったオリジナルコンテンツを直接制作**するようになり，それを同社でのみ独占配信することで，新規加入者の獲得だけでなく，リピーターの増加にも成功している点である。第4に，海外において現地のメディア社との戦略的提携により，市場参入に不可欠な顧客基盤を効率的に確保し，**米国と海外現地で制作されたオリジナルコンテンツを取引コストの負担なく迅速に海外市場に移転**することで，急速な世界展開が可能になったことである。

2.5 | Netflixの今後

　ただし，同社に課題が全くないわけではない。持続的競争優位を維持するためには，今後もビジネスモデルの抜本的な見直しを考え続ける必要があるだろう。同社は世界全体で2億人を超える有料会員を有しており，それを基盤にして，**現地の動画ストリーミングサービス事業主やコンテンツメーカーとの提携戦略**を積極的に推進するべきである。さらに，究極的には**二面性市場のプラットフォーム型事業モデルを導入**することで，コンテンツ需給の限界費用を削減する必要があると考えられる。

　Amazon Kindle（アマゾンキンドル）の場合，デジタル電子書籍の再販サービスから事業を開始し，市場を先取りするが，競争環境が悪化すると，外部の電子書籍メーカーと消費者の取引を仲介し，手数料で収益を得る二面性市場のプラットフォーム型事業モデルに転換し成功を収めている。他にも，音楽配信サービスであるSpotify（スポティファイ）のように，サブスクリ

プション型モデルに広告型収益モデルを追加することで，収益構造を改善することも一つの代案となるだろう。

　本章ではNetflixの事例を通じて，動画ストリーミング配信ビジネスの実践について学んできた。同社の事例は，デジタルトランスフォーメーション時代におけるデジタルサービス企業のマーケティング戦略のあり方を考える上で有益な示唆を与えると思われる。

考えるヒント

- ■垂直統合戦略のメリットとデメリットについて考えてみよう。
- ■ビックデータを活用したキュレーション・サービスの活用事例を一つ取り上げ，それが企業と顧客にもたらす価値について考えてみよう。

第5章

健康ヘルスケア

- 日本の急速な高齢化と少子化は社会保障費の拡大につながり，政府は治療から予防へと政策の舵を切っている。具体的には生活習慣病予防や介護予防，精神疾患予防などである。

- デジタルヘルスケアとはICTやAI等のデジタル技術を活用した健康・医療・介護福祉領域の製品・サービス・取り組み，それらによる効率化や成果向上まで幅広い意味を持ち，既に私達にとって身近な存在となっている。

- デジタル技術を活用したデジタライゼーションとともに，製品とサービスが結合して付加価値を生み出すサービタイゼーションが増えており，IoTも含まれる。また製品とサービスを包括的に捉え価値を創造する概念はサービス・ドミナント・ロジックと呼ばれ，課金・支払方法に大きな変化をもたらした。

- 健康ヘルスケア業界は一次予防（健康増進・疾病予防）・二次予防（早期発見・早期治療）・三次予防（治療・リハビリ）に分かれ，デジタル技術を活用した先進事例として，一次予防ではホームフィットネスとウェアラブルデバイス，二次予防では在宅検査キットとオンライン診療，三次予防ではDMP（生活習慣病改善支援プログラム）と遠隔リハビリテーションを取り上げ，デジタルヘルスを学ぶ。

1 デジタルヘルスケア

「デジタルヘルスケア」とはデジタル技術を活用した健康ヘルスケア業界の進化であり，コロナ危機によってその進化は加速している。ここでは健康ヘルスケア業界を取り巻く環境と変化，デジタルヘルスケアの基本について学ぶ。また健康ヘルスケア業界の進化に関係する理論についても学ぶ。

1.1 少子高齢化によりデジタルヘルスケアが加速する

急速な少子高齢化は健康ヘルスケア業界に大きな影響を与えている。デジタルヘルスケアは効率化と成果向上を両立するものとして期待されている。既に私達の生活に浸透しており，このコロナ危機によって加速している。

1.1.1 急速な少子高齢化と予防への政策シフト

日本の高齢化は世界的にも急速なスピードで進化しており，日本の総人口の29.1%が65歳以上の高齢者であり（総務省2021年9月人口推計），この割合は今後も上昇を続け**2040年には総人口の35.3%が65歳以上になると推計**されている（国立社会保障・人口問題研究所）。もはや高齢化社会ではなく，"超超高齢化社会"といわれる。その背景には医療水準向上や健康意識の高まりによる平均寿命の延伸と，出生率低下による少子化が挙げられる。日本人の平均寿命は女性が87.74歳・男性が81.64歳で（2020年の厚生労働省推計），女性は世界1位・男性は世界2位（WHOに加盟する主要48カ国中）と世界トップレベルの長寿国である。一方，**合計特殊出生率（1人の女性が生涯に産む子どもの数を示す）は1.34（2020年の人口動態推計）で5年連続低下**している。年間出生数は約84万人と5年連続減少しており（同調査），コロナ禍による結婚・妊娠の減少の影響で出生数が80万人を割り込むとみられている。これは公的推計より少子化による人口減が前倒しで進むことになる。

少子高齢化は社会保障費に大きな影響を与えている。2020年度の社会保障関係費（35.8兆円）は年金，医療，介護，子ども・子育てなどの分野に分かれ，国の一般会計歳出の３分の１を占める最大支出項目である。また国税だけではなく地方税や保険料が財源となって実際に支出された2020年度の社会保障給付費は124兆円であり，主な内訳は年金57.7兆円，介護福祉12.3兆円，医療40.6兆円と，高齢者の医療・介護を支える費用が主体である。少子高齢化が進めば，この費用がさらに増加し，少ない現役世代でこの費用を支えなければならない。また医療や介護に関わる人材の不足も著しい。医師の高齢化に加えて，24時間対応が必要な外科や産科，僻地の病院などが敬遠され，地域や診療科によって医師不足・遍在がみられる。介護人材（介護職員）は国の施策もあり増加しているものの，急速な高齢化に伴う要介護者の需要増に追いついていない。2025年度には約243万人の介護人材が必要だが32万人不足していると試算されている（厚生労働省試算）。この背景には処遇水準や労働環境の厳しさがある。さらに1950年代を境にして**日本人の疾病構造が急性疾患（結核などの感染症）から慢性疾患へと変化**している。慢性疾患とは悪性新生物（がん）や心疾患，脳血管疾患，糖尿病高血圧性疾患といった生活習慣病であり，高額な医薬品や長期間の治療を必要とすることも多く，医療費を押し上げる要因になっている。また日本人の平均寿命と健康寿命（自立した生活を送れる期間）の差が男性は約９年・女性は約12年あると言われ，この期間は介護等を必要とする期間である。

　急速な少子高齢化による医療・介護関連の社会保障費の拡大を抑制するために，政府は治療から予防へと政策の舵を切っている。具体的には生活習慣病予防や介護予防，精神疾患予防などである。例えば生活習慣病の予防・発見・改善を目的とした特定検診・特定保健指導，介護予防を目的とした介護予防検診，精神疾患の未然防止を目的としたストレスチェック制度などである。この予防政策へのシフトは健康ヘルスケア業界に大きな影響を与えている。日本人の健康意識・予防意識が高まり，禁煙やダイエット，筋トレなどに取り組む人が増え，このコロナ禍の影響で，ジョギングやホームトレーニング（室内でヨガや筋トレ），自炊で健康管理する人も増え，関連する新し

い製品やサービスなどが次々と誕生している。

　医療・介護関連の社会保障費の抑制と，疾病予防・介護予防を実現するものとして注目されているのが「デジタルヘルスヘア」である。

1.1.2 │ デジタルヘルスケアとは何か

「デジタルヘルスケア」とはICT（情報通信技術）やAI（人工知能）などのデジタル技術を活用した健康・医療・介護福祉領域の製品・サービス・取り組み，さらにそれによる効率化や成果向上まで幅広い意味を持つ。「デジタルヘルス」と呼ばれることが多いが，ヘルスケアは予防や健康増進，健康管理まで含まれる単語のため，本章では「デジタルヘルスケア」で統一する。

　実は既にデジタルヘルスケアは私達にとって身近な存在になっている。コロナ禍でランニングアプリをスマートフォンにダウンロードしてジョギングする人は少なくないが，デジタル技術を活用した健康サービスである。またApple Watch（アップルウォッチ）などのスマートウォッチを身に付けて睡眠状況を記録する人も増えているが，これもデジタルヘルスケアである。日々の体重・体脂肪を記録できる体重計もデジタルヘルスケアの一つである。身近なデジタルヘルスケアは健康分野が多いが，医療や介護福祉分野でも広がっている。

　次にデジタルヘルスケアの特徴を整理する。

（1）　ビッグデータの解析

　デジタル技術によって様々な健康・医療に関する膨大なデータが解析（収集・管理・分析）できる。例えば電子カルテで過去の診察記録や治療方法が即座に閲覧でき，医療機関連携によって他の医療機関でもクラウドからそのデータを閲覧できる。これは**医療事務コスト削減など業務合理化**につながるだけではなく，**無駄な検査の削減，早期診断そして適切な治療**につながる。

（2）　パーソナライズされた医療の提供

　パーソナライズされた医療とは個別化医療とも呼ばれ，遺伝子分析（ゲノ

ム解析）によって，患者一人ひとりの体質や疾病の特徴に応じた副作用が少なく最も効果が期待できる治療を提供することであり，既にがん治療で導入されている。**治療の効果が高まり，医療費の適正化・抑制**につながる。遺伝子分析もビッグデータ解析である。さらに遺伝子分析によって**疾病発症リスクや遺伝的傾向についてわかるため疾病の予防**につながる。

(3) ディープラーニングによる医療支援

　ディープラーニング（深層学習）とはAIの特徴の一つであり，コンピュータが自動的に大量データからそのデータの特徴を発見する技術のことであり，**画像認識や音声認識，自動言語処理，ロボットによる異常検知**などの分野がある。ヘルスケア領域ではMRIやCTで撮影した医療画像診断に活用されている。

(4) オンラインによるサービス提供

　コロナ禍により対面診療が難しい患者が増えたため，初診を含めたオンライン診療が時限措置として認められ，早期治療や重症化予防のために少しずつオンライン診療を活用する動きが広がってきた。**オンラインによるサービス提供は非医療分野では既に広がっている**。オンラインによる健康相談サービスや，オンラインによるヨガやトレーニングのほか，ゴーグル・メガネ型デバイスを装着した仮想空間（VR：Virtual Reality）でスポーツを楽しむサービスも実用化されている。

(5) ロボットによる負担軽減

　デジタル技術の進展によって医療・介護の現場で活躍できるロボットが登場している。遠隔操作でロボットアームを操作して手術を行う手術支援ロボット，高齢者を24時間見守るだけでなくコミュニケーションするロボット，介護者が体に装着して要介護者の介助の負担を軽減するロボット（装着型アシストスーツ）などがあり，**医療・介護職の人材不足・負担軽減**につながる。

1.2 | サービタイゼーションとサービス・ドミナント・ロジック

製品とサービスを結合したサービタイゼーションと，製品とサービスを包括的に捉え価値を創造するサービス・ドミナント・ロジックについて学ぶ。健康ヘルスケア業界で進展している概念であり，今後のビジネス社会のメインストリームとなる。

1.2.1 | 製品とサービスを結合したサービタイゼーション

デジタル技術の活用によって製品やサービスに付加価値を生み出すことをデジタライゼーション（Digitalization）と呼ぶ。健康ヘルスケア業界はこのデジタライゼーションが進展している。このデジタライゼーションと密接な概念が「サービタイゼーション（Servitization）」である。**サービタイゼーションとは製品とサービスが結合して，製品以外の付加価値で収益を得ることであり，製造業のサービス化と呼ばれることもある**。例えば製品販売後の修理・アフターサービスで収益を得ることは以前よりあるが，近年は製品の稼働状況や位置情報，整備状況などをインターネットで把握して，稼働率向上やメンテナンス・買替提案などを行うサービスが建設機械や農業機械で導入されている。これはデジタライゼーションにより実現できているサービスである。健康ヘルスケア業界であればスマートウォッチは単なる時計ではなく，スマホアプリと連動した運動や睡眠，心拍数等のバイタルデータの記録分析を付加価値としている。医療・介護の現場で活躍できるロボットもインターネットを介した遠隔操作や見守り等を付加価値としている。他業界でも製品単体ではなくデジタル技術を活用した付加価値で収益を得るビジネスへとシフトしている。その背景には製品のコモディティ化が進み，製品の機能やスペックでは差別化できなくなってきた現状がある。

サービタイゼーションをさらに理解するキーワードとして「IoT（Internet of Things）」がある。**IoTはモノのインターネットと訳され，モノがインターネット経由で接続していることであり，スマートウォッチや医療・介護**

用ロボットも該当する。身近な例ではスマホで自宅のエアコンや照明，掃除機を操作できるもの，家全体がIoTになっているスマートホームも登場している。工場全体がIoTになることがスマートファクトリーであり，デジタル技術を活用して生産性向上・自動化・最適化を図る技術革新である。この技術革新が世界の産業を変革していくことから，インダストリー4.0（第4次産業革命）といわれる。

1.2.2 | サービス・ドミナント・ロジックと価値共創

　サービス・ドミナント・ロジック（S-Dロジック：Service-Dominant-Logic）とは製品とサービスを包括的に捉え価値を創造する学問的な概念であり，2004年に米国マーケティング学者であるスティーブン・L・バーゴ氏とロバート・F・ラッシュ氏によって提唱された。サービタイゼーションと意味は似ているが，**企業が顧客と共に価値を創造する「価値共創」の意味も含んでいる。**

　S-Dロジックと対照的な概念に，グッズ・ドミナント・ロジック（G-Dロジック：Goods-Dominant-Logic）がある。G-D ロジックは企業が顧客に提供するモノの価値（価格）を決め，顧客はその対価を支払い，モノを手に入れることで価値交換が行われるという考え方である。企業がマーケティング分析を行ってSTPや4Pを考える従来のマーケティングの考え方である。G-Dロジックではモノ（製品・商品）が中心で，サービスはモノ以外の残余的なものとして捉えられている。

　一方，**S-Dロジックではすべての経済活動はサービス活動であり，モノは提供手段の一つに過ぎず，モノとサービスを包括的に捉えている。**またG-Dロジックでは企業側が提供価値を決めるのに対して，S-Dロジックは購入・利用する顧客側がその価値を決めるとされている。顧客側が利用する過程で価値を生み出すという点で，企業が顧客と共に価値を創造する「価値共創」が行われるとされる。G-Dロジックは企業から顧客へのワンウェイでの価値提供に対して，S-Dロジックはインタラクティブな価値共創といえる。G-DロジックとS-Dロジックを比較する（図表5-1）。

図表5-1　G-DロジックとS-Dロジックの比較

	G-Dロジック	S-Dロジック
前提	モノ（製品・商品）とサービス（モノ以外の残余的なもの）は別に存在するもの	すべての経済活動はサービス（モノを伴うサービスとモノを伴わないサービス）
提供価値	モノと対価の「交換価値」（価値はモノに予め備わっている）	消費者側の「使用価値」「経験価値」（使用・経験段階で価値を生み出す）
顧客の位置付け	顧客は価値の利用・消費者（企業が価値を生産・利用）	顧客は価値の利用・消費者と同時に価値創造者（価値共創）
価値提供方向	企業から顧客へのワンウェイ	企業と顧客とのインタラクティブ

（出所）筆者作成

　S-Dロジックの視点を取り入れた事例は身近にある。例えばAmazonのKindleは電子書籍リーダーだが，消費者はKindleを性能・機能が優れたモノ（製品）として購入するのではなく，Kindle Storeで購入できる豊富な電子書籍コンテンツとセットで捉えている。iPhoneやiPodも性能・機能が優れたモノとして購入するのではなく，様々なアプリや音楽・動画コンテンツ（iTunes）とセットで価値を感じている。いずれも顧客側がコンテンツを利用する過程で価値を生み出している。またS-Dロジックは第8章で説明したシェアリングビジネスにも取り入れられている。例えばカーシェアリングは自動車をモノとして所有するのではなく，短時間ドライブを楽しむコトとして利用する。さらに高級家電をモノして購入せずに毎月定額で利用し，一定期間利用後に自分のモノにすることができる。借りて利用するのか，自分のモノとして利用するかは顧客側の判断である。

1.2.3 | 課金・支払方法の新しい形サブスクリプションサービス

　サービタイゼーションやS-Dロジックを取り入れたビジネスの台頭は課金・支払方法の大きな変化をもたらした。定額料金を支払ってコンテンツやサービスを利用するサブスクリプションサービス（通称サブスク）である。電子書籍，動画配信や音楽配信，ソフトウェア利用といったコンテンツ利用が中心であったが，これまでモノとして購入・所有していたものを月定額料

金支払いによって利用するモノのサブスクリプションが増えている。例えば自動車や家電のサブスクリプションサービスである。トヨタ自動車は月定額料金（3万～5万円）で新車を一定期間利用できるサブスクリプションサービス「KINTO（キント）」を開始したが，ドライブには興味があるが自動車は所有したくない若い層の契約が増えている。パナソニックは最上位炊飯器と銘柄米（毎月宅配），タンブラーミキサーと冷凍スムージーキット（毎月宅配），パンベーカリーとパンミックス（毎月宅配）など，キッチン家電と食材をセットにしたサブスクリプションサービスを開始した。食材とセットにより「おいしい体験」を提供し，継続利用や一定期間後の買取りを目指す。サブスクリプションサービスはコンテンツの利用から広がり，所有への関心が薄い層の利用手段，高額製品のお試し利用，モノを活用した体験へと，裾野が広がっている。このサブスクリプションサービスはシェアリングビジネスにも浸透している。

2 ┃ 実践デジタルヘルスケア

　健康ヘルスケア業界を俯瞰した上で，事例を通じてデジタルヘルスケアを具体的に学ぶ。

2.1 ┃ 健康ヘルスケア業界の全体像

　健康ヘルスケア業界は医療（病院）や医薬品，健康食品，スマートウォッチ，フィットネスクラブ，介護サービスまで幅広い。コロナ禍のPCRサービスやワクチン，オンライン診療も健康ヘルスケア業界である。健康ヘルスケア業界を理解するには**一次予防・二次予防・三次予防という切り口と，ターゲット（患者・消費者，法人・企業，医療機関・医療従事者）という切り口のマトリックスで考えると理解しやすい**（図表5-2）。

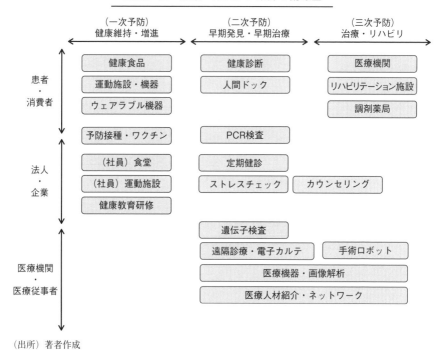

図表5-2　健康ヘルスケア業界の俯瞰図

（一次予防）
健康維持・増進

（二次予防）
早期発見・早期治療

（三次予防）
治療・リハビリ

患者・消費者

- 健康食品
- 運動施設・機器
- ウェアラブル機器

- 健康診断
- 人間ドック

- 医療機関
- リハビリテーション施設
- 調剤薬局

法人・企業

- 予防接種・ワクチン
- （社員）食堂
- （社員）運動施設
- 健康教育研修

- PCR検査
- 定期健診
- ストレスチェック
- カウンセリング

医療機関・医療従事者

- 遺伝子検査
- 遠隔診療・電子カルテ
- 手術ロボット
- 医療機器・画像解析
- 医療人材紹介・ネットワーク

（出所）著者作成

　まず一つ目の切り口（一次予防・二次予防・三次予防）について，**一次予防とは生活習慣改善や健康教育，予防接種等で健康維持・増進をはかり病気を予防すること，二次予防とは早期発見・早期治療により病気の進行・重症化を防ぐこと，三次予防とは治療やリハビリテーションで再発防止・社会復帰をはかることを意味する**。一次予防は健康食品や運動施設，ワクチン，二次予防は健康診断や人間ドック，PCR検査をイメージすると理解しやすい。三次予防は医療機関やリハビリテーション施設がイメージしやすい。もう一つの切り口（ターゲット－患者・消費者，法人・企業，医療機関・医療従事者）について，患者・消費者は健康ヘルスケアを利用する側，法人・企業は従業員に健康ヘルスケアを提供する側，医療機関・医療従事者は健康ヘルスケアを提供する側である。近年は法人・企業が従業員の健康を重視する動きが顕著なため（コラム参照），法人ヘルスケア分野（法人対象の健康ヘルス

ケア市場）が台頭している。さらに商品・サービス・施設・コンテンツといった提供方法の切り口もあったが，サービタイゼーションやS-Dロジックで説明したように明確な区分はできないため切り口としては適さなくなっている。

この全体像の中でデジタルヘルスケアはすべてに関わる。一次予防ではAIで処方するオーダーメイドサプリメントやオンラインフィットネス，二次予防では健康状態をモニタリングするIoTトイレットや遺伝子検査，三次予防では介護ロボットや排泄検知センサーなど様々な機器・サービスが既に登場している。いずれも**デジタル技術を活用して利用者の利便性向上やコストダウン・省力化**をはかっている。

2.2 | デジタルヘルスケアの事例研究

ここでは一次予防・二次予防・三次予防の各領域におけるデジタルヘルスケアの事例を学ぶ。

2.2.1 | 一次予防領域のデジタルヘルスケア

一次予防領域は健康維持・増進，疾病予防をはかるもので，健康維持・増進では健康食品や運動器具，フィットネスジム，リラクゼーション施設，疾病予防では予防接種・ワクチンなどがある。コロナ禍ではワクチンが注目されたが，我々の日常的な健康維持・増進としてはヘルシーな食生活や適度な運動だろう。ステイホームでの運動不足解消に広がったのがホームフィットネスと，健康習慣をサポートするウェアラブルデバイスである。いずれも最新のデジタル技術を活用している。

(1) コロナ禍で成長したホームフィットネス

コロナ禍でフィットネスクラブが閉館したことで，YouTubeで筋トレ動画を視聴する人，オンラインでヨガやストレッチなどのレッスンをライブ受講する人や，Nintendo Switch等の家庭用ゲーム機で運動する人が急増して

いる。ただこれらは自分が正しい動きをしているかを確認できない。最新デジタル技術を活用して，トレーナーによる個別指導が可能なホームフィットネスとして注目されているのが「スマートミラー」である。**スマートミラーとは「スマートフィットネスミラー」の略で，全身鏡型デバイスを使ったオンラインフィットネス**である。普段は通常の全身鏡として使えるが，スイッチを入れると鏡にトレーナーのトレーニング動画が映し出され，鏡に映る自分の動きも確認できる。オンデマンドのレッスン動画だけでなく，ライブレッスン動画も視聴でき，自宅が24時間フィットネスになる。全身鏡型デバイスを購入し，月額料金を支払う。別料金となるがパーソナルレッスンを受講できるため，カメラやマイクを使って個別指導を受けることもできる。米国スタートアップのMirror社が始めたサービスであるが，全身鏡型デバイスを活用した類似ビジネスも生まれている。またVR（Virtual Reality：仮想現実）を利用したホームフィットネスも誕生している。これはVRゴーグルを装着して，バーチャル空間でダンスやエクササイズをゲーム感覚で楽しむものである。コロナ禍で人気が高まったホームフィットネスだが時間・場所・服装を問わず手軽に取り組め，提供者側も施設やトレーナーの移動時間を必要とせず効率的である。デジタル技術を活用したホームフィットネスは主要な運動方法の一つとして定着していくだろう。

(2)　スマートウォッチが牽引するウェアラブルデバイス

ウェアラブルデバイスとは身体に装着するインターネットと接続できる端末（IoT機器）であり，腕時計型のウェアラブルデバイス「スマートウォッチ」がよく知られ，Apple WatchやFitbit等が代表的である（**図表5-3**）。

Apple Watchは2015年に発売され，サイクリングやジョギング，ワークアウトなどの運動量や消費カロリーの記録，運動アドバイス，呼吸アドバイスなど，継続的な運動習慣をサポートする機能がある。また心拍数を測定して心拍異常時はアラート通知が届いたり，就寝中の睡眠状況を記録して振り返ることもできる。さらに内蔵された心電図アプリが厚生労働省に医療機器（心電と心拍が測定できる心電計）として認定されたため（2020年9月），心

図表5-3 代表的なスマートウォッチ（一覧）

商品ブランド名	企業名	主なタイプ
Apple Watch	Apple（アップル）	腕時計型
Fitbit	Fitbit（フィットビット）	腕時計型・リストバンド型
HUAWEI Band	HUAWEI（ファーウェイ）	リストバンド型
GARMIN	GARMIN（ガーミン）	腕時計型
Galaxy Watch	SAMSUNG（サムスン）	腕時計型

（出所）筆者作成

筋梗塞等の早期発見にもつながっている。Apple WatchやFitbitは新型コロナウイルス感染症の目安となる血中酸素飽和度を測定でき，正式な医療機器ではないが自分の健康状態を把握する一つの目安となる。スマートウォッチ**は主に一次予防（運動管理や健康管理）として利用されているが，より医療に近い二次予防（疾病の早期発見）としても期待される**。健康管理による疾病リスク減少，早期発見による早期治療など結果的には医療費抑制につながる。

腕時計型・リストバンド型のウェアラブルデバイス以外にも様々なタイプ（形態）が登場している。例えば指輪型（スマートリング）やメガネ型，スピーカー型などがある。現時点で健康ヘルスケア機能が充実しているのはスマートウォッチだが，他タイプのウェアラブルデバイスでも健康管理や疾病早期発見として活用される日も遠くない。

2.2.2 | 二次予防領域のデジタルヘルスケア

二次予防領域は疾病の早期発見・早期治療であり，人間ドックや健康診断が代表的である。コロナ禍では感染を恐れて医療機関に行かない人も少なくなかったが，その代替手段として注目されたのが，在宅検査キットと，オンライン診療である。

(1) 在宅検査によってオンライン診療との連携も
コロナ禍では医療機関に出向かずとも自宅でコロナ検査ができる「PCR

（Polymerase Chain Reaction）検査キット」が人気となった。PCR検査は新型コロナウイルスに特徴的な遺伝子がサンプル内（唾液等）に含まれているかを判定する検査であり，様々な企業からPCR検査キットが発売され，薬局・ドラッグストア，インターネットで購入できる。PCR検査は感染を判断するものではないが，医療機関に連絡する等の一つの判断の目安になる。

　実は在宅で疾病の可能性・リスクを判断する検査キットはかなり以前から「郵送健診」「在宅検査」等の名称で発売されていた。がん検査，ピロリ菌，生活習慣病，性感染症など対応分野は幅広い。近年**飛躍的に進化しているのはAI活用による疾病リスク精度の向上**である。また海外では利用者側が専用ツールを使って検査データを医療機関（医師）にネット送信するサービスも台頭しており，検査結果に応じて医師のオンライン診療を受けることができる。在宅検査とオンライン診療がリンクされれば利用者側の利便性もより高まる。

(2)　規制緩和によりオンライン診療が定着へ

　オンライン診療とは，患者が医療機関に出向かずにスマートフォンやパソコン等のビデオ通話機能を活用して，リアルタイムに医師の診察や薬の処方を受けられる診療方式である。医師法は対面診療を原則とし，オンライン診療が可能な診療科目・疾患が制限されてきたため，日本ではオンライン診療は大きく広がらなかった。しかし新型コロナウイルスの特例措置として規制緩和され，初診でも再診でもオンライン診療が可能となった。**時限措置ではあったが今後も初診からのオンライン診療が恒久化される方針**となった。

　オンライン診療の実現には予約から問診・診察，会計・処方箋発行まで遠隔（オンライン）で完結するシステムが必要となるが，既に多くの企業がオンライン診療システムを提供している（**図表5-4**）。各サービスによって内容・システムは異なるが，オンライン診療は医療機関に出向く必要がない以外にも利用者（患者）側のメリットは多い。Web（アプリ含む）でいつでも予約できる，事前にWebで問診できる，診療の待ち時間がない，クレジットカードで決済できる，処方箋や医薬品が配送される，オンラインで服薬指

図表5-4　代表的なオンライン診療システム（一覧）

サービス名	運営会社
YaDoc（ヤードック），YaDocQuick（ヤードッククイック）	株式会社インテグリティ・ヘルスケア
CLINICS（クリニクス）	株式会社メドレー
ポケットドクター	MRT株式会社
curon（クロン）	株式会社MICIN（マイシン）
kakari for Clinic（カカリフォークリニック）	メドピア株式会社・日医工株式会社

（出所）筆者作成

導が受けられるなどのメリットがある。体調不良だが多忙や感染不安などで医療機関に行くのを躊躇していた人がオンライン診療を受けることで，疾病の早期発見・早期治療，重症化予防につながる。またデジタル技術を活用したオンライン診療システムは患者側だけではなく，医師や医療機関側にとっても効率化につながる。

2.2.3 | 三次予防領域のデジタルヘルスケア

三次予防領域は治療やリハビリテーションで再発防止・社会復帰をはかることであり，生活習慣病など慢性疾患の重症化予防，高齢者のリハビリテーション・自立支援などがある。この分野にもデジタル技術が活用されている。

(1) デジタル機器を活用したDMP（生活習慣病改善支援プログラム）

生活習慣病とは生活習慣に起因する疾患であり，肥満・糖尿病・高血圧症・脂質異常症などがよく知られており，放置すると重篤な疾患や死を招くリスクがある。生活習慣病改善には医師の治療・投薬に加え，食事や運動など生活習慣改善が必要不可欠である。しかし患者側の自発性に委ねられており，日々の生活習慣を変えさせるのは容易なことではない。そこで欧米を中心に台頭しているのが，**スマートフォンやIoT機器を介して日々の生活状況を記録（ライフログ）して改善指導する疾病管理プログラム（DMP：Disease Management Program）**である。

図表5-5　生活習慣重症化予防支援プログラム「Mystar」

（出所）株式会社PREVENT提供

　国内では名古屋のベンチャー企業，株式会社PREVENTがスマートフォン
アプリや専用モニタリング機器を用いてライフログを可視化し，完全オンラ
イン（電話，アプリ内のチャット機能）で個別化された指導を実施する生活
習慣病の重症化予防支援サービス「Mystar」を提供している（**図表5-5**）。
保険者の加入者向けにサービス展開しており，既に全国の健康保険組合や自
治体を中心に導入されている。

(2)　遠隔リハビリテーションによって介護予防も

　デジタル技術を活用したホームフィットネスは主に健康な人が対象となる
が，身体機能に疾患のある患者や身体機能が低下している高齢者には，別の
アプローチでのトレーニング（リハビリテーション）が必要である。デジタ
ル技術により遠隔でのリハビリテーションが可能になった。コロナ禍で施設
に通えない利用者を対象にオンラインでリハビリ相談サービスや利用者に応
じたリハビリ動画を提供するサービスなどが登場している。利用者はリハビ
リ動画を視聴しながらトレーニングを行い，その様子を撮影した動画を送信
することで，セラピスト（理学療法士・作業療法士等）からのアドバイスが
得られる。また利用者に端末を配布し，実施状況などを測定することも可能
である。また利用者が腕時計・リストバンド型ウェアラブル端末やIoTバイ

クを使用することで，セラピスト側は実施状況管理やバイタルチェックも可能である。自宅で取り組める**遠隔リハビリテーションは介護予防にもつなが
る。**

┌─ COLUMN 5 - 1 ──────────────────────────

健康経営：従業員の健康が企業ブランドになる

「健康経営」とは企業等が従業員の健康こそが重要な経営資源と位置付け，従業員の疾病予防や健康増進に投資することで，医療費抑制や業務生産性につなげて，企業競争力・企業価値向上を実現する経営スタイルを意味する（健康経営®はNPO法人健康経営研究会の登録商標）。健康経営の推進による人材定着や生産性向上は人材不足に悩む企業にとって必要不可欠である。さらに長時間労働や鬱などで健康を害する社員がいる会社はブラック企業と烙印を押され，企業ブランドにも大きな影響を与える。

健康経営を浸透させるために，経済産業省と東京証券取引所は共同で2015年より東証上場企業の中から健康経営の取り組みが特に優れた企業を「健康経営銘柄」と選定している。さらに2017年より経済産業省は優良な健康経営の取り組みを実践している企業等を「健康経営優良法人」として認定している。大企業だけでなく多くの中小企業が既に認定されている。いわば国等が定めた健康経営の基準・取り組みを満たした企業等であり，ブラック企業ならぬ「ホワイト企業」の印でもある。企業等をよく知る一つの目安となるため，チェックしてみよう。

（出所）経産産業省

■ サービス・ドミナント・ロジックの考え方が取り入れられている身近なビジネスを考えてみよう。

■ デジタル技術を活用した新しい健康増進サービスを考えてみよう。

第 6 章

アニメ業界の
ビジネスモデルの進化

- 近年，日本のアニメ業界はクール・ジャパンの名の下に日本が世界に誇れるものとして国家的に注目されている。実際にその認知度，人気は高い。しかし，収益は人気に比べて多くはない。特にアニメ制作会社の利益は少ない。最大の理由は世界の流通市場に入り込めていないことにある。

- しかし，Netflix（ネットフリックス）の日本進出を機に日本のアニメ制作会社のビジネスモデルが変わってきた。Netflixは直接，いくつかのアニメ制作会社と契約を締結した。その配信権またはオリジナル作品の制作費相場は大幅アップした。そしてAmazon（アマゾン）やDisney+（ディズニープラス）その他の競合企業の支払いも同水準となり，全体としてアニメ制作会社への収益を大きく上げ，従来のような「製作委員会」は必ずしも必要でなくなった。

- ただし，日本のアニメの多くはマンガ原作であるケースが多く，アニメ制作会社としては全面的にNetflixのようなアニメのネット配信を中心とするビジネスモデルに頼るだけでなく集英社，小学館というような人気マンガを持つ出版社の売上にも貢献するビジネスモデルも模索することを求められている。

- 本章では，日本のアニメ業界の可能性や仕組み，Netflixが日本のアニメ業界に及ぼした影響とその限界，さらに，今後の日本のアニメ業界の方向性について学ぶこととしよう。

1 ┃ 日本の新たな中核産業としてのアニメの可能性

1.1 ┃「クール・ジャパン」の始まり

◆「ポケモン」の商業的成功と『千と千尋の神隠し』のアカデミー賞受賞

　アニメ業界への国家的注目は「クール・ジャパン」という言葉から始まったともいえる。この言葉はダグラス・マッグレイ（Douglas McGray）が2002年に『フォーリンポリシー』に掲載した「Japan Gross National Cool」という記事（翌年に『中央公論』に抄訳が「世界を闊歩する日本のカッコよさ」として掲載）が始まりであるといわれている。マッグレイは日本のポップカルチャー全般について述べているが，この背景として1996年に任天堂のゲームボーイのソフトとして発売されたポケットモンスター（ポケモン）が97年にアニメ化され，次いで98年に米国をはじめとする世界各国でゲームソフトの販売とテレビアニメの放送がスタート，**99年には全米3,000の映画館で『Pokémon The First Movie』が大ヒット**につながったのが契機となった。その後，**宮﨑駿の『千と千尋の神隠し』**が2002年，第52回ベルリン国際映画祭で金熊賞，そして翌年，第75回アカデミー賞におけるアカデミー長編アニメ映画賞の受賞となり商業的にも作品の質の面からも日本のアニメが注目されるようになった。特にマッグレイの記事は日本がバブル崩壊後，経済的停滞が10年以上続き，80年代には世界を席巻していた日本企業の経済的プレゼンスがなくなっていく中でのものであり，これに国も関心を持つことにつながった。

　こうした状況の中で，民主党政権下の2010年6月に経済産業省製造産業局に「日本の戦略産業分野である文化産業（クリエイティブ産業：デザイン，アニメ，ファッション，映画など）の海外進出促進，国内外への発信や人材育成等の政府横断的施策の企画立案および推進を行う」という趣旨の下，

「クール・ジャパン室」が設置された。翌年5月のクール・ジャパン官民有識者会議においては，これらを世界市場に向けた輸出商品として育成し，日本が稼げる産業体系を構築するとの提言を行った。これらの方針は2012年12月に自民党の安倍政権に移行後も「クール・ジャパン推進会議」として引き継がれた。しかしながら，日本のアニメは売上全体の大きな伸びにはつながらなかった。前述のPokémonは米国を中心にビジネス的成功を収めたが，**宮崎駿の『千と千尋の神隠し』は日本アニメのクオリティを知らしめることにはなったが，商業的には大きくはなく米国における興行収入は約600万ドル**であった。同じ時期に公開されていたディズニーの『アイスエイジ』は1億7000万ドルと比べてもその少なさがわかる。もっともこれにより日本アニメのクオリティの高さは世界的に認識されるようになったといえる。

1.2 アニメ業界の海外マーケティング

　日本のアニメ産業の市場は，2019年に2.5兆円で15年から4割増えた（図表6-1）。さらに，2012年の1兆3386億円と比べれば約2倍の成長である。そして，2.5兆円のうち海外市場の売上は1兆2009億円となり，**成長のほとんどは海外市場よりもたらされている**。事実，この分野は今後，日本が最も国際競争力を有する分野であるといわれている。実際に多くの国で日本のアニメは人気があり，特に2010年以降は経産省などを中心としたクール・ジャパン政策により，日本のアニメはますます注目されている。**ポケモン，スタジオジブリ（宮崎駿が所属するアニメ制作会社）の作品をはじめ『進撃の巨人』や『鬼滅の刃』などは，アジアや米国などを中心に世界的に人気の作品**である。その一方で，狭義のアニメ市場であるアニメ制作会社合算の売上は2019年度3017億円で前年比12.9％増加した。2009年の1468億円から倍以上の市場規模となったが，アニメ制作会社の売上はアニメ産業全体の12%にとどまる。つまり，**制作よりも流通市場で多くの付加価値が生まれる構造**となっている。

　その意味では，クール・ジャパンでこれからの日本は「ソフトパワーで勝

負だ」、「アニメで勝負だ」といってもアニメ制作会社の多くは中小企業であり、**利益のほとんどは流通市場を支配する資本力のある巨大広告代理店，テレビ局，商社などが二次使用権と一緒に享受してきた**。さらにいえば，日本のアニメが世界中で人気といわれても，それは格安でコンテンツ不足の各国のテレビ局に提供したためで海外市場から利益を生む産業としては一部の業界関係者以外は考えてこなかった。また，韓国のように芸能やサブカルチャー的部門を海外市場における国のイメージを向上させるための手段として使い，家電や化粧品等々，他の産業の売上に貢献させるというような大所からの発想なども日本にはなかった。そのような構造が**2016年くらいから徐々に変わってきた**のである。特に**アニメ制作会社の立場に変化**が出てきた。それは，ネット配信の発展とそれを世界的規模で行う**Netflix（ネットフリックス）社の存在**が大きく影響している。

図表6-1　国内と海外のアニメ市場対比（2012-2019年）

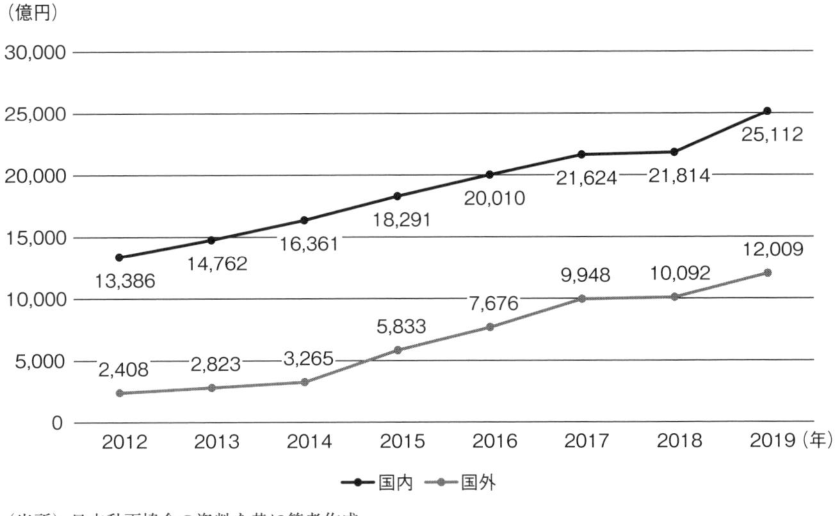

（億円）

| | 2012 | 2013 | 2014 | 2015 | 2016 | 2017 | 2018 | 2019（年） |
国内：13,386　14,762　16,361　18,291　20,010　21,624　21,814　25,112
国外：2,408　2,823　3,265　5,833　7,676　9,948　10,092　12,009

■─ 国内　■─ 国外

（出所）日本動画協会の資料を基に筆者作成

2 | アニメ業界の仕組み

2.1 | 製作委員会方式

　アニメを制作するのはアニメ制作会社である。しかしながら，一般に制作会社は技術的には質の高いアニメを制作する能力を持ちながら資金面では劣る。結果として**アニメ産業の他の企業と「製作委員会」を組織，またはそれらの企業に製作委員会を結成してもらい，その製作委員会が制作会社に制作を依頼するという形式**が多い。これは90年代後半から多くみられるやり方である。制作会社の利点としては，当たりはずれが多いアニメビジネスのリスクは製作委員会の企業が負うことになることである。しかし，その一方で制作料は十分に高くはないことが挙げられる。

　製作委員会は大手広告代理店，在京キー局，大手商社，ゲームおよび玩具メーカー，DVD販売メーカーなどからなり，「キッズアニメ」といわれる子ども向けのアニメは玩具メーカーが主幹事，「深夜アニメ」といわれる大人向けのアニメはパッケージメーカーが主幹事企業となるケースが多い。これは，**二次使用権は製作委員会の企業が個別に持つ**（劇場配給権，テレビでの二次配信，DVD販売権，玩具販売，アクセサリー販売権等）ことから，その**アニメで一番利益を望める企業が最も出資する主幹事**となるのが普通である。

　もちろん，**資金力に応じてアニメ制作会社も製作委員会に加わることはあっても中核的立場にはなれないケース**がほとんどである。つまり，アニメ業界の売上は主に映画，ネット配信，テレビ放送，映像ソフト販売，音楽関連商品販売，グッズ販売，ゲーム遊興関連，イベント・ライブなどよりなり，これらの売上を見込める企業が製作委員会を作り資金を出し合いアニメ制作会社に制作を委託するのが「製作委員会方式」である。

2.2 | テレビの役割と２つのアニメ市場

　アニメは劇場用，テレビ用，パッケージ（DVD等），ネット配信とあるが，1960年代から2010年代まで一貫してテレビ用アニメを制作するのが大部分である。これは大きく２つのタイプがある。１つ目は主にキッズアニメと呼ばれる子ども用アニメである。２つ目はヤングアダルトと呼ばれる中高生以上を対象にしたものである。ヤングアダルト向けアニメは，深夜系アニメともいわれ，2000年代から始まったものであるが日本特有の分野であるといわれる。70年代の『宇宙戦艦ヤマト』のように大人も楽しめるアニメの登場もあったが，従来，アニメは主としてキッズアニメが主流であった。しかし，2015年には日本のアニメ史上初めて，キッズ・ファミリーアニメ（全日帯放送）と深夜アニメ（深夜帯放送）の制作分数が逆転した。これは世界的にみて日本だけの現象である。いずれにせよ，キッズアニメは主としてアニメを通してそれを見た子どもたちに関連玩具の販売益を見込む玩具メーカーが製作委員会の主幹事となり，ヤングアダルト向けアニメは主として映像ソフトの販売を見込む企業が主幹事となるケースが多いことは既に述べたが，実はどちらの場合もアニメ制作そのものからは多くの収益を期待せず，玩具や映像ソフトから利益を得るケースが多い。このことは，**アニメ制作の内容も玩具メーカーや映像ソフトメーカーの意向が大きく作用する**ことにつながった。

　アニメ制作会社の収益については，製作委員会に入っていない限りは実際の収益にはかかわらず所定の金額が制作料として支払われる。平均で１クール（合計12-13話で１回25分前後）もので１話当たり1000-1500万円が相場といわれる。もちろん，スタジオジブリのように劇場公開を中心としたオリジナル企画の作品を出す制作会社もあるが，これは例外的なものであるといえる。つまり，一般に**制作会社は技術的には質の高いアニメを制作する能力を持ちながら資金面で弱く，ほとんどは「製作委員会」方式でアニメを制作するだけの役割で収益も制作費のみであることが多く，内容も製作委員会の主幹事企業の意向が強く働くことが多い**ということである。

なぜ日本のアニメのレベルは高いのか

多くのアニメはマンガを原作としている（約7割，他は古典的物語，ライトノベル，アニメ原作）。情報メディア白書によると，日本には多種多様なジャンルのプロ漫画家が6,000人くらいいるという。つまり，日本のアニメ業界は競争が激しい業界である。その競争の厳しさゆえにクオリティの高い作品が多く生まれているのも事実である。マンガはアニメの脚本や構図も同時に提供してくれる。もちろん，それは日本の読者層の厚みと多さも関係する。また，日本は唯一，幼児・子どもを対象としないマンガ市場が存在する国でもある。

多くの国では，マンガは10-12歳くらいまでの子ども向けのものという位置付けであり，大人がみても耐え得る奥の深い複雑な人間関係などを表現するのは小説や劇でのみ可能というのが世界的な傾向である。そして，アニメも動くマンガという位置付けである。しかるに，日本においては手塚治虫に始まり，宇宙戦艦ヤマト，ガンダムシリーズ，そして宮﨑駿作品のジブリにつながる大人も十分に鑑賞に堪え得る作品が生み出され，大人の読者層も増えてきたといえる。これは，まさに日本特有の現象であるといえる。

2.3 │ ネット配信市場の成長

そのような中でネット配信市場（定額見放題）が急激に成長してきた。図表6-2に示すように，ネット配信市場が急成長していることがわかる。2020年はレンタル市場が大きく減少し，ネット配信市場が大幅増となった。5年前の2016年と比較すると，レンタル市場は32.4％の減少となっており，特にレンタル利用者の減少幅が大きい。一方，有料動画配信利用者は，113.7％と2倍以上の伸びを示している。テレビ市場もネット市場に侵食されていることは周知の事実である。

アニメの視聴はネット配信が多くなってきた。日本におけるテレビアニメ市場は，2012年951億円だったのが2020年になっても970億円とわずかに増えたに過ぎないが，ネット配信市場は2012年272億円だったのが2019年には685億円と約2.5倍にまで増えてきた。このままでは**ネット配信市場がテレビを越えるのも時間の問題**のように思われる。NTTドコモのdTV，NHKオンデ

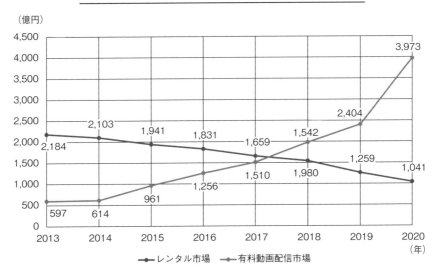

図表6-2　映像ソフトの市場規模（2013－2020年）

（億円）

レンタル市場の値: 2,184　2,103　1,941　1,831　1,659　1,542　1,259　1,041
有料動画配信市場の値: 597　614　961　1,256　1,510　1,980　2,404　3,973

■─レンタル市場　●─有料動画配信市場

（年）

（出所）日本ソフト映像協会の資料を基に筆者作成

マンド，AbemaTV（現ABEMA），Yahoo Gyao!，DMM.com，Hulu など日本国内でも多くのアニメサイトが登場した。

3 │ Netflixの日本市場参入

3.1 │ グローバル商品としての日本アニメの再発見

　第4章で触れたように，Netflixは日本でも2015年よりサービスを開始した。そして，Amazonも同年，Amazonプライム・ビデオのサービスを開始した。その後，世界的なコロナ禍で巣ごもり需要が拡大し**Netflixの有料会員は2020年に日本で500万人，世界ではとうとう2億人**を越えた。配信地域は中国，クリミア，北朝鮮，シリアを除く世界190カ国以上である。Netflix

の特徴として，米国市場を中心としながら同じ作品を世界的な規模で配信するディズニーやその他のハリウッド映画と違い，各地域の嗜好を詳細に分析して**地域ごとにローカル性の高いオリジナル作品を全世界に配信**していることが挙げられる。

　そのような中，日本のアニメ作品はほとんどの国，地域でトップ10の人気となった。これはNetflixにとっても驚きとなり，日本のアニメの競争力を理解することになった（**図表6-3**）。また，Netflixの作品はシリーズものの平均的ドラマで1話当たりの製作費が2-3億円といわれるが，アニメはその10分の1であることも魅力的であった。顧客にとって製作費は関係のないことはいうまでもない。仮に製作費が3倍となっても実写ドラマの3割の製作費となるのである。ここで**Netflixと日本のアニメ制作会社のWin-Winの関係**が見出された。

　また，それ以前の大きな環境の変化としてネット配信の発展も大きい。テレビ局経由での配信は，国ごとテレビ局ごとに個別に様々な契約を行っていく必要がある。それに対してネット配信は基本的にボーダレスで行える。世界規模での配信はテレビと劇場が主だった。この違いはとても大きいといえる。また，レンタル市場も動画配信の拡大に伴い，映像ソフトの市場が縮小してきたが，これはNetflix自身がもともとレンタル市場でビジネスを展開し，ネット配信業者になったことからも察しが付くだろう。

図表6-3　Netflixで人気の日本のアニメ作品

作品名	公開年	制作会社
進撃の巨人	2013	ウィットスタジオ
ソードアート・オンライン	2012	A-1 Pictures
コードギアス　反逆のルルーシュ	2006	サンライズ
約束のネバーランド	2019	製作委員会
新世紀エヴァンゲリオン	1995	カラー

（出所）Netflixのデータを基に筆者作成

3.2 | 日本のアニメ制作会社へのアプローチ

　そのような状況において日本のアニメ制作会社を中心に今までにない動き
が生じ始めた。きっかけは2015年に日本でもサービスを開始したNetflixで
あった。**Netflixが今までの日本のアニメ制作のモデルを変えようとしてい
た**のである。2018年，Netflixはプロダクション・アイジー（Production I.G）
とボンズ（Bones），翌2019年にはアニマ，サブリメイション，デイヴィッ
ドプロダクション，そして2020年にはアニマ&カンパニー，サイエンス
SARU，MAPPA，そして韓国のスタジオミールと計9社のアニメ制作会社
と数年にわたって安定的な仕事が保証される包括的業務契約を締結した。こ
の9社はすべて従業員50-200人規模の企業である。

　いくつかの例外的規定は個々にあるものの，ここでNetflixが行ったこと
は，第1に，Netflixが**従来の数倍の制作費を有望なアニメ制作会社に保証**
すること，第2に，Netflixが求める条件は基本的に**Netflixのオリジナル作
品としての制作**と，ネットでの独占的配信権はNetflixにあること，第3に，
二次使用権は基本的にアニメ制作会社が自由に行使できること，ということ
であった。これによってアニメ制作会社は，製作委員会を組織しなくともア
ニメ制作ができるようになると同時に，**潤沢な資金が保証**されるようになっ
た。もちろん，二次使用権については自由にできるといってもアニメ制作会
社によってはそれを有効に自社で活用する力はない場合，二次使用権を希望
する企業に使わせて使用料を取ることが可能になったのである。

　また，包括的業務契約こそ結んでいないが，多くのアニメ制作会社が従来
の数倍の価格でNetflixに自社作品を配信することとなった（図表6-4）。こ
こにおいて**アニメ制作会社＋Netflixのコンビで世界市場に進出するという
ビジネスモデル**が登場したのである。日本のアニメ人気は，Netflix以外で
も同じであることからAmazonプライム・ビデオや他の配信企業においても
単価はNetflixと同水準になったことも日本のアニメ制作会社にとっては大
きな利益となった。Netflixは，日本のアニメ制作会社に大きなプレゼント

図表6-4　日本製Netflixオリジナルアニメ作品

作品名	配信年	制作会社
B: The Beginning	2018	Production I.G×中澤一登
HERO MASK	2018	スタジオぴえろ
LOST SONG（ロストソング）	2018	製作委員会
DEVILMAN crybaby	2018	サイエンスSARU
日本沈没2020	2020	製作委員会
泣きたい私は猫をかぶる	2020	スタジオコロリド，ツインエンジン，東宝
攻殻機動隊 SAC_2045	2020	Production I.G，SOLA DIGITAL ARTS
虫籠のカガステル	2020	スタジオKAI
スプリガン	2021	STUDIO 4℃
ウルトラマン	2022予定	Production I.G，SOLA DIGITAL ARTS

（出所）Netflixのデータを基に筆者作成

を与えてくれたのである。

3.3 | Netflixの位置付け

　クール・ジャパンの象徴とされてきた日本のアニメが成功するためには，世界に向けての配信インフラが不可欠である。それは国を含めた関連企業も皆，理解していることである。先述したように，日本でもアニメをネット配信する企業が数多く出てきた。しかし，どれも国内市場を対象としたものであり，過当競争気味であるとの印象を受ける。要するに，日本にはNetflixやAmazonに対抗できるようなネット配信企業は存在していない。

　ここで特筆すべきことは，2013年に日本のアニメを海外に配信していこうと株式会社アニメコンソーシアムジャパンが運営する**日本アニメの映像配信のプラットフォームであるDAISUKI.net**（注）がスタートした際，株主としてアサツーディ・ケイ，アニプレックス，東映アニメーション，TMSエンタテインメント，サンライズ，バンダイナムコ，電通，KADOKAWA，講談社，集英社，小学館などの日本のアニメビジネスを代表する企業，そしてクール・ジャパン機構が参加したという事実である。つまり，日本がいくら

企業を集結しても，NetflixやAmazonのようなグローバルな配信基盤を持つことはできないということを証明したといえる。

4 | Netflixの課題

4.1 | 中国市場の欠如とその位置付け

それではNetflixは全世界をカバーできているのかといえば，確かに世界190カ国以上で2億800万人の有料メンバーを持っているとはいえ，GAFA（Google, Apple, Facebook, Amazon）と同様，巨大市場でもある中国はカバーできていない。中国市場は，**日本のアニメにとっては欧米を凌ぐ世界最大の市場**となっており，急成長している（図表6-5）。劇場の規模も大きいがネット配信については，中国市場はテンセント系（Tencent）の中国版Netflixといえる企業が支配している。もちろん，そこでも日本のアニメは人気である。ただし，日本のアニメが大きな事業となり，中国人の若者に与

図表6-5　中国のアニメの市場規模

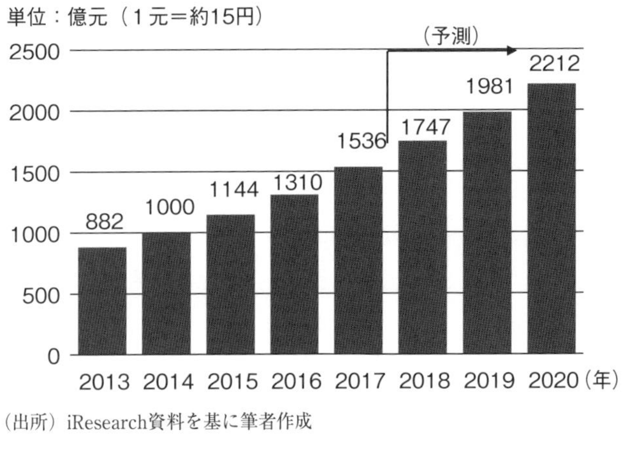

単位：億元（1元＝約15円）

（出所）iResearch資料を基に筆者作成

える影響も大きくなると共産党の国策主義を取る可能性があり，突如として日本のアニメ作品が排除される可能性がある。その意味では，あくまで日系企業は中国市場での事業から巨大な収益を得たとしても，中長期的に安定的な事業基盤を築いたとみなすべきではないと多くの企業は考えている。

4.2 | オリジナル作品の課題

　主流なアニメ制作会社は，Netflixによって十分な資金・待遇を得られると同時に，世界レベルでの配信を実現できるようになった。加えてNetflixのオリジナル作品の二次使用権も制作会社は自由にできる。しかし，Netflixの対象は世界中の2億人以上の顧客ニーズに応えることであり，アニメも俗にいうアニメオタクではなく通常のアニメ好き，またはまだアニメをよく知らない人たちである。広く浅く受け入れられる作品を要求され，癖の強いものは提供されない傾向となる。もちろん，Netflixは日本のアニメ制作会社を重要なパートナーとみなし，アニメ制作会社の自主性を尊重して時には尖がった作品を作らせてくれるというが，力関係は明らかである。気に喰わなければ他とやるという選択肢はアニメ制作会社には事実上ないに等しい中では，やはり**制作者の創造性よりも世界的に数字が取れる無難な作品が増える可能性**がある。

5 | 日本のアニメ業界の今後

5.1 | 日本と米国のアニメ制作会社の違い

　海外市場における主なアニメ制作は，日本以外では米国が中心であるが，主な製作会社のポジションは全く違うといえる。米国においてもアニメ産業における制作会社の売上率は2割未満といわれ，やはり流通市場からの利益

が多いのは日本と同じである。しかし，米国のアニメ制作会社は巨大な複合企業（Conglomerate）から成り立つ。例えば，Walt Disney Company（ウォルト・ディズニー・カンパニー）はWalt Disney Pictures（ウォルト・ディズニー・ピクチャーズ），Pixar（ピクサー），Marvel（マーベル）というアニメ制作会社を持つと同時に，いくつかのTVネットワーク，テーマパーク，劇場，音楽関連事業，ゲーム事業，そしてグッズ販売事業を行う企業群から成り立っている。

　これを日本最大手のアニメ制作会社であり平均して年間500億円の売上を出す東映アニメーションと比較すると，ディズニーの売上規模はなんと東映アニメーションのざっと100倍，アニメ制作部門だけをとっても約20倍となる。この違いは，マーケティングミックスの4P（Product, Price, Place, Promotion）でいえば，特に**流通（Place）とプロモーション（Promotion）で絶対的な差**となって現れる。**日本のアニメ制作会社は単体であり，またグループ企業であっても海外市場に向けての流通力は全く米国の比ではない**といえる。

5.2 | ソニーモデル

　日本では，Netflixとアニメ制作会社がともにパートナーとして世界市場を開拓していくモデルに対して**ソニーモデル**がある。ソニーは，ソニーエンタテインメント，ソニーミュージック，ソニーピクチャーズ，それにアニメ関連のイベント会社などを持ち，アニメ制作，音楽制作，ゲームとのタイアップなど，**アニメ関連事業のすべてを自社グループ内で確保**している。Netflixのような世界規模での配信ネットワークは持っていないが，**Netflixと異なる「狭く深く」の事業**が可能となる。400億円の売上となった『鬼滅の刃』は，アニプレックスの製作・配給で子会社のA-1 Pictures（エイ・ワンピクチャーズ）の制作であるが，これはソニーミュージックの傘下の会社である。つまり，**ソニーは日本で唯一，世界配信までのアニメビジネスのすべてをグループで行うことができる企業**である。

配信についてもソニーは，海外のアニメ配信サービスFunimation（ファニメーション）を傘下に収めていたが，そこに**クランチロール（Crunchyroll）**が2020年に加わった。クランチロールの配信先の約200の国や地域において21年1月現在で登録者数は1億人に達した。このうち有料会員数は400万人である。作品数は1,000本を超え，エピソード数は3万に達する**世界最大級の「アニメライブラリー」**である。特に，「**アニメファンが喜ぶサービスを360度全方位で展開していく」ことを掲げており，映像配信にとどまらないことはNetflixにだけに頼りたくない他のアニメ制作会社も関心を示す。**同社は，マンガやゲーム，キャラクターグッズなども手掛けており，米国を中心に**「OTAKU（オタク）」の一大プラットフォーム**になっている。アニメの原作となるマンガを出版する会社（集英社や講談社）と関係を強化したいアニメ制作会社にとっては，アニメ配信の収入しか見込めないNetflixに全面的に頼らずに**マンガも売れるクランチロールのような企業と組むことが将来的な売上増加につながる**と考えるからであろう。

5.3 ┃ 日本アニメ業界の今後

　これまでは，優れたネタはあるのに送り出す手段が十分でなく世界市場からの正当な利益を確保できなかったアニメ制作会社であるが，今後は①**Netflixを中心にアマゾンも含む世界的動画配信プラットフォームに頼って世界市場進出を行っていく企業（ネトフリ御用聞き企業），②Netflixも利用しながらソニーグループの周辺に主たるビジネスチャンスを見つける制作会社（ソニーエコ寄生企業），そして③ソニーグループ企業の3つ**に大きく分かれて，それぞれが世界市場においてアニメ大国の「クール・ジャパン」の実現に向かっていくと考える。ジブリのような劇場作品を数年に一度だけ制作する会社は対象外とした。ネトフリ御用聞きモデルは，優れたクリエイター，脚本家などとも個別に契約，その作品を制作する会社となり，ソニーエコ寄生企業は主に人気マンガが多い「ジャンプ」を発行する集英社や講談社との関係やゲーム製作企業との関係を重視する会社となるだろう。

（注） 2017年にDAISUKI.netは終了し，2018年にアニメコンソーシアムジャパン
はバンダイナムコライツマーケティングに吸収合併されている。

考えるヒント

■ これからの日本のアニメ業界に必要なもの，今足りないものは何か，考えてみ
よう。

■ ビジネスモデルとしてスタジオジブリのようなレベルの高い劇場作品を作成す
るマイナス点とプラス点を考えてみよう。

第 7 章

顧客関係構築

ファンマーケティング

- 顧客との良好な関係を構築して，優良顧客にすることで，顧客の生涯価値を最大化するマーケティング手法をリレーションシップマーケティングと呼ぶ。顧客との良好な関係によって，顧客から様々な助言やアイデアなどが得られ，新しい価値を顧客と共に創造することができる。

- 優良顧客から一歩進んだ「熱狂的ファン」とは自分が好きな企業・商品サービスの良さを自発的に他の人達に伝播・推奨してくれ，新たな顧客を連れてきてくれる伝道者である。

- 熱狂的ファンを育てるファンマーケティングには，数が多くない熱狂的ファンにターゲットを絞り，そのファン一人ひとりに深く愛され続ける取り組みを継続すること，そのファンが自発的に伝播・推奨できる仕掛け，それを支える熱狂的な企業文化づくりが必要となる。

- 本章ではファンマーケティングの実践例として，ヤッホーブルーイング（ビール），K-POPの事例を通じて，ファンマーケティングを学ぶ。

1 | 顧客関係構築と関係維持： リレーションシップマーケティング

　昨今の人口減少時代や超高齢化社会の中では，消費意欲の高い新規顧客を開拓し続けることは難しくなっている。新規顧客獲得ばかりに集中するのではなく，既存顧客をリピーターとして維持することが重要である。

　顧客との良好な関係を長期的に継続することは，企業収益の安定化につながるだけではなく，新たな価値創造にもつながる。ここでは企業と顧客との良好な関係づくりと価値共創について学ぶ。

　リレーションシップマーケティング（Relationship Marketing）とは，顧客との良好な関係を構築して，優良顧客（リピーター，固定客）にすることで，顧客の生涯価値（Life Time Value）を最大化するマーケティング手法のことである。また顧客との良好な関係づくりによって，顧客からの信頼と愛着を得ることができる。信頼と愛着を持った顧客からは様々な助言やアイデアなどが得られ，新しい価値を顧客と共に創造することができる。

1.1 | 顧客生涯価値とロイヤリティマーケティング

◆顧客生涯価値の考え方

　顧客生涯価値（Life Time Value：LTV）とは，一人の顧客が生涯にわたって企業にもたらした価値の合計を意味する。商品サービスによって継続購買期間は異なるため，厳密には生涯ではなく有期を意味する。LTVの計算方法には様々なものがあるが，基本的な計算式は次のとおりである。

> LTV ＝ （平均購買単価×収益率×年間購買頻度×継続購買期間）
>   －（新規獲得費用＋顧客維持費用）

　例えば購買単価5万円，収益率（≒粗利率）40％，年間購買頻度6回，継続購買期間が5年とすると，5万円×40％×6回×5年＝60万円と計算され

る。そして新たに顧客を獲得する費用，顧客になった後の維持費用も必要になるため，そのコストをマイナスしたものがLTVとなる。これが一人の顧客が生涯（継続購買期間）にわたって企業にもたらす価値の合計である。この時点でLTVがマイナスの場合は顧客獲得・維持コストに見合った利益が得られておらず，そもそも収益率が低い，リピート購入されていない等の問題がある。

　計算式からわかるようにLTVを高めるには，平均購買単価を上げる，収益率を上げる（原価率を下げる），購買頻度を上げる，継続購買期間を延ばす，新規獲得費用および顧客維持費用を下げる，ことが必要である。その中でLTVを高める有効な方法は，顧客との良好な関係を長期的に継続することで，購入単価を高め，購入頻度や継続購入期間を高める，すなわち優良顧客・リピーターになってもらうことである。リピーターを増やすことで「新規獲得費用+顧客維持費用」を減らすこともできる。一般的に新規顧客獲得費用は既存顧客維持費用の５倍（同じ収益額を得ることを前提として）ともいわれ，一度関係を築いた顧客と良好な関係を長期的に継続することは，LTVの向上にもつながる。

　新規顧客獲得より既存顧客維持（リピーター化，リピーター維持）を重視することで十分な収益を得られるのかについて，「パレートの法則」を紹介する。**パレートの法則とは，２割の要素が全体の８割を生み出すという経験則であり，20：80の法則とも呼ばれる。マーケティングに置き換えると「２割の顧客が８割の売上を生み出している」ことであり，２割の優良顧客を重視すれば８割の売上を確保できることになる。**もちろん，一定の優良顧客の離脱（購入頻度が下がる・購入しなくなる）はあるため，新規顧客も継続して獲得する必要がある。

◆顧客ロイヤリティの測定と育て方
　顧客との良好な関係を長期的に構築するには，企業や商品サービスに対する信頼と愛着を顧客から得なければならない。「企業姿勢に共感する」「品質を絶対的に信頼している」「この商品サービスは自分の生活になくてはなら

図表7-1　NPSの測定方法

[質問項目]
・顧客に「購入商品サービスを周囲の家族や友人に勧める可能性はどのくらいあります
　か？」という質問を行い，勧める可能性を0〜10の11段階で回答してもらう。
[分析方法]
・11段階のうち，9〜10と評価した顧客を「推奨者」と分類する。
・7〜8と評価した顧客を「中立者」と分類する。
・0〜6と評価した顧客を「批判者」と分類する。
[NPSの計測]
・回答者全体の推奨者の割合（％）から，批判者の割合（％）を引いた数値がNPSの指
　数となる。

（出所）筆者作成

ない」「新商品なら全部買いたい」「壊れても同じ商品を買い替える」といっ
た信頼と愛着である。この**信頼と愛着は「顧客ロイヤリティ」ともいわれ，
信頼と愛着をもった優良顧客（ロイヤリティの高い顧客＝ロイヤルカスタ
マー）を創り出すことをロイヤリティマーケティングとも呼ぶ**。ロイヤリ
ティマーケティングの基本は，顧客ロイヤリティの強さを定量可視化して，
必要な施策を打つことである。顧客ロイヤリティの強さを定量可視化する指
標として「NPS（Net Promoter Score：ネットプロモータースコア）」があ
る。購入客に対して「（購入商品サービスを）家族や友人に薦めたいかどう
か」を，0〜10の11段階で選択してもらうアンケートであり，顧客ロイヤリ
ティを測定することができる（図表7-1）。同時に他社（商品サービス）と
の比較設問や自由表記設問も加えれば，より有効なデータが得られる。

　次にNPS分類顧客（推奨者・中立者・批判者）に応じた施策・フォローを
行う。批判者の不満点を改善し，中立者・推奨者に引き上げ，推奨者が中立
者になることを防ぐ。具体的には商品サービスの品質・品揃え・価格，ホー
ムページや広告宣伝の内容，接客方法などを見直すことである。また優良顧
客・リピーターを増やすために，ポイントプログラムや割引券，誕生日プレ
ゼント，アフターサービスなどの充実も必要である。重要なのは顧客ロイヤ
リティの高さによって施策・フォローを変えることである。しかし顧客満足
度が低い顧客をいくらフォローしても収益向上にはつながりにくい。リピー

ターの創造・維持に集中するべきである。

1.2 │ 顧客は単なる消費者ではなく価値共創する存在

　顧客との良好な関係づくりによって，企業収益が安定化するだけではなく，高いロイヤリティを持つ顧客から様々な助言やアイデア等が得られ，新しい価値を顧客と共に創造することができる。これが顧客との価値共創である。 この価値共創は，商品サービスの企画開発段階で顧客が積極的に関わって率直な意見やアドバイスを提供するというものと，商品サービスの使用プロセスで顧客が新しい価値を生み出すもの，その両方が含まれるものがある。いずれも顧客は単に商品サービスを消費する存在だけではなく，企業と共に価値創造する存在でもあることが特徴である。この価値共創に関わった顧客はその企業（商品サービス）へのロイヤリティをより高め，結果的に購買につながる（LTVの向上）。

◆ユーザーも投稿参加できる着こなし発見アプリ「StyleHint」

　顧客との価値共創事例として，2019年秋にスタートした，ユニクロおよびジーユー，セオリー，プラステ（ファーストリテイリング）の着こなし発見アプリ「StyleHint」を紹介する（図表7-2）。StyleHintはユーザーにお薦めの着こなしを簡単に見つけることができる。例えばアウトドアと検索すると，これらブランドの商品を使ったアウトドアファッションが多数表示される。着用商品が画面表示されるだけではなく，そのままオンラインで購入することができる。

　StyleHintの特徴は店舗（スタッフ）側や契約しているモデル・有名人だけが着こなし紹介するのではなく，ユーザーが自身のこれらブランドの商品を取り入れたコーディネイトを撮影して投稿する点である。画像認識技術によって着用商品が自動タグ付けされるため，アプリユーザーは一般ユーザーの着こなしもチェックできるだけではなく，その商品をオンラインで購入することもできる。その着こなしを参考にした人が自身のコーディネイトを投

（出所）ファーストリテイリング提供

稿し，また他の人に検索されて，自動タグ付けされた商品が購入され，また投稿される，という良循環である。StyleHintはGoogleの画像解析テクノロジー（Google Cloud Vision API）が活用されている。

　これまで消費者はネットで（雑誌や店頭でも）企業・販売スタッフが提案する商品やコーディネイトを検索・閲覧するだけであった。購買履歴に応じたお薦め商品が示されたとしても企業（販売）側から消費者への一方通行である。しかしこのStyleHintは消費者側が自分のお気に入りの着こなしを投稿でき，それが他の人の検索対象にもなり，自動タグ付けで購買にもつながっている。顧客側は特に報酬を得られるわけではないのに，いわば自発的に着こなし投稿という新しいコンテンツを生み出し，それが着こなしアプリの充実につながり，企業と顧客との相互作用を生み出している。消費者は買

い手だけではなく，推奨者でもある。

　このような**消費者側からの自発的な投稿はUGC（ユーザー生成コンテン
ツ）**と呼ばれる。消費者は企業の広告宣伝よりもインスタグラマーの紹介を
購買の参考にするようになってきたが，インスタグラマーが企業からの商品
提供や対価と引き換えに紹介することも多いことから，対価がなくとも純粋
に「このブランド・商品が好き」「自分はこうやって着こなしている（着こ
なしている）」ことがわかるUGCの支持が高まっており，多くの消費財企業
が導入している。いかに消費者（顧客）に純粋な推奨者として，コンテンツ
作りに参画してもらえるかが重要である。

COLUMN 7 - 1 ─────────────────

パーソナライゼーションとDX

　若い世代を中心に皆が同じ流行を追うのではなく，自分の趣味嗜好に合うもの，自分
の個性を生かせるものなど，「自分らしさ」を重視する傾向がみられる。その背景にはテ
レビCMや雑誌等で皆と同じ情報を得るのではなく，スマホやネットで自分が関心のある
情報を選別するようになったことがある。またコロナ禍により在宅時間・一人時間が増
えたことで，より「自分らしさ」を追求する意識が高まった。よって企業側は同じ商品
の大量生産・販売，同じ広告の大量出稿ではなく，顧客一人ひとりの趣味嗜好や購入履
歴等に応じて最適な商品サービス，情報を提供する必要がある。これがパーソナライゼー
ションである。パーソナライゼーションによって，顧客側は「自分にぴったりの商品」
「自分のためのサービス」「自分が欲しかった情報」と特別感や満足感を得られるため，
信頼関係が高まり，結果的に単価向上や継続購入（利用）につながる。

　パーソナライゼーションの実現には顧客データ（顧客情報・購買情報・閲覧履歴等）
の分析が必要不可欠だが，DX（デジタルトランスフォーメーション）によって深化して
いる。DXはデジタル技術を活用した変革を意味するが，例えばネットのカスタマーレ
ビュー機能やレコメンド機能，デジタルコンテンツの定額サービスなども含まれる。さ
らにDXによってこれまで難易度の高かったオーダーメイドの敷居が低くなっている。例
えば3D測定データによって体型にぴったりの下着やスーツ，スマホで撮影した肌分析
データによって今の肌にぴったりの化粧水を作ることができる。商品ラインナップから
最適な商品を提案するのではなく，顧客に最適なオンリーワン商品を提案することでも
あり，オーダーメイドの日常化すなわち真のパーソナライゼーションが実現する時代が
到来している。

2 | ファンマーケティング

前節では企業と顧客との良好な関係づくりについて学んだが，ここでは優良顧客から一歩進んだ「熱狂的ファン」を育てて，そのファンと一緒に成長していくファンマーケティングについて事例とともに学ぶ。

2.1 | ファンマーケティングの基本

「熱狂的ファン」とは自分が好きな企業・商品サービスの良さを自発的に他の人達に伝播・推奨してくれ，新たな顧客を連れてきてくれる応援者である。数が多くない熱狂的ファンにターゲットを絞り，そのファン一人ひとりに深く愛され続ける取り組み，そのファンが自発的に伝播・推奨する仕掛け，それを支える企業文化が，ファンマーケティングの基本である。

2.1.1 | 熱狂的ファンはエバンジェリストである

宝塚ファン，ジャニーズファン，アニメファン，ゆるキャラファン等，特定対象を愛好する人達（ファン）は昔から存在している。近年は「推し」「オタク」と言われ，愛好する対象を応援する活動は「推し活」「オタ活」と呼ばれる。マーケティングでの熱狂的ファンはこの推し・オタクと似ている。自分が好きな企業・商品サービスに愛情を持って応援する人達である。

前節で継続購入する顧客＝優良顧客（ロイヤルカスタマー）を増やすことは企業収益に貢献することを説明したが，企業はターゲット顧客（潜在顧客）の中から，トライアル（初購入）してもらい，そこからリピーター（継続購入客），ロイヤルカスタマー（優良顧客）へと育成していく。**熱狂的ファンとはロイヤルカスタマーから一歩進んで，その企業・商品サービスの良さを自発的に他の人達に伝播・推奨してくれ，新たな顧客を連れてきてくれる顧客である。**他者に伝播してくれるという意味でエバンジェリスト（伝

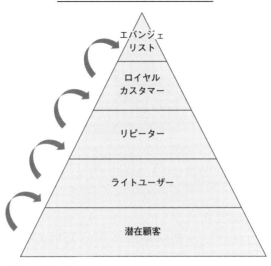

図表7-3　顧客ピラミッド

エバンジェ
リスト

ロイヤル
カスタマー

リピーター

ライトユーザー

潜在顧客

（出所）筆者作成

道師）とも呼ばれる（図表7-3）。

　熱狂的ファンは購入額・購入頻度の高さで企業収益に貢献するだけではな
く，自分の好きな企業・商品サービスの応援にエネルギーを注ぐのが特徴で
ある。具体的には，①もっと深く知る，②直接触れる（体験する），③関係
するものを集める，そして④魅力や良さを他者に広めて，⑤新しい顧客を連
れてくる。例えば①もっと深く知る：商品サービスの裏にある開発経緯・ス
トーリーや秘話，経営者・社員の想い，企業姿勢・経営方針などを知る，②
直接触れる（体験する）：工場で実際にモノづくりを体験したり，経営者・
開発者と直接話す，③関係するものを集める：限定品やノベルティなど全部
揃える，④魅力や良さを他者に広める：SNS・ブログで継続発信する，⑤新
しい顧客を連れてくる：商品サービスを試してもらい新しい顧客を増やす，
といったことである。ここには企業側から報酬があるわけではなく，あくま
でも自発的な行動である。また愛好する対象（企業・商品サービス）に接す
る（考える・使う・広める等）ことに幸せを感じるのも特徴である。企業に
とっては有難い存在であるが，ではどうやって熱狂的ファンをつくり出すこ

とができるのだろうか。

2.1.2 | 熱狂的ファンづくりには熱狂できる企業文化が必要

　熱狂的ファンづくりのスタートは，自分の企業・商品サービスを愛好する
ファンはどんな人達なのかを徹底的に調査して，顧客を絞り込むことである。
熱狂的ファンは前述の顧客ピラミッドの頂点であり，人数は決して多くない。
言い換えれば熱狂的ファン以外の多くの顧客（潜在顧客含む）を重視しない
ことでもあり，企業としては勇気を必要とする決断である。しかし熱狂的
ファンが企業・商品サービスを支え続けて，結果的に新たな顧客も増やすこ
とになると信念を持つことが重要である。

　そしてその少数派の熱狂的ファン一人ひとりが満足できる取り組みを実施
し続ける。熱狂的ファンは企業・商品サービスには信頼と愛着を持っている
ため，もっと深く知れる機会，直接触れる（体験）機会，ファンだけが入
手・参加できるモノ・コト（商品サービス，ノベルティ，イベント等）を提
供するなどの取り組みが必要になる。**一人ひとりが満足できる取り組みとは，
単に良質の商品サービスを提供するだけではなく（熱狂的ファンは既に品
質・機能には絶対的な信頼を持っている），最高の顧客体験を提供すること
である。**それは容易なことではないが，ザッポスのコアバリューが参考にな
る（図表7-4）。

　ザッポス（Zappos.com）は，これまでECでの成長は困難とされていた，
靴のネット販売で急成長した米国企業である。現在は衣料雑貨・アパレルに
も取り扱いを広げAmazon傘下企業である。コアバリューとは軸となる企業
文化のことであるが，同社の一つ目のコアバリューは「Deliver WOW
Through Service」，和訳すると「サービスを通じてワオ！となる体験・感
動を届ける」ことである。同社の顧客リピート率は70％を超え，熱狂的な
ファンが支えるといわれる。同社は送料・返送料無料，購入後365日以内返
品可能（ただし未使用），ほとんどが翌日到着（注文後4日以内到着と記載
されているが）とサービス面で優れているが，顧客の心を捉える同社の強み
は24時間・年中無休の電話によるカスタマーサービスである。多くのEC企

図表7-4　Zappos 10 Core Values

1. Deliver WOW Through Service
   （サービスを通じてワオ！体験・感動を届けよう）
2. Embrace and Drive Change
   （変化を受け入れ，その原動力となろう）
3. Create Fun and a Little Weirdness
   （楽しさと少し変わったことを創ろう）
4. Be Adventurous, Creative, and Open-Minded
   （間違いを恐れず，創造的にオープンマインドでいよう）
5. Pursue Growth and Learning
   （成長と学びを追求しよう）
6. Build Open and Honest Relationships With Communication
   （コミュニケーションを通してオープンで正直な人間関係を築こう）
7. Build a Positive Team and Family Spirit
   （ポジティブなチームと家族精神を築こう）
8. Do More With Less
   （より少ないもので，より大きく生み出そう）
9. Be Passionate and Determined
   （情熱と覚悟を持とう）
10. Be Humble
    （謙虚でいよう）

（出所）同社HPより筆者作成

業がカスタマーサービスを合理化する中（マニュアル・自動化・アウトソーシング等），同社は電話対応によるカスタマーサービスに力を入れている。例えば自社に在庫がなければ他社サイトの在庫を調べて教えたり，顧客の状況に合わせて特別配送やクーポン発行を自身の判断で手配する。顧客応対マニュアルは存在せず，各スタッフは「顧客にワオ！と感じてもらえるサービス」に注力する。処理件数・処理速度は評価指標にならず，顧客にワオ！と感じてもらえるためであれば何時間電話対応しても構わない。こういった対応が驚異のリピート率と，熱狂的なファンづくり，そして口コミによる新しい顧客づくりにつながっている。

　同社のワオ！体験は，顧客だけではなく，取引先や従業員（同僚）も対象者となる。例えば本社見学ツアーに訪れる取引先を喜ばせるイベントを予定外で開催したり，従業員同士で創意工夫を競って会議室を飾りつけしたり，

最高の顧客体験を提供する側（従業員）も情熱や冒険心を持っている。つまり熱狂的ファンづくりの実現には，**顧客の絞り込み，最高の顧客体験の提供だけではなく，それを提供する側も高いモチベーションを持って"熱狂"できる企業文化**が必要である。

2.2 | 実践ファンマーケティング

ここではヤッホーブルーイング（ビール），K-POPの事例を通じて，ファンマーケティングを学ぶ。

2.2.1 | ヤッホーブルーイング

株式会社ヤッホーブルーイング（本社：長野県北佐久郡軽井沢町）は1996年に設立（1997年創業）されたクラフトビールのメーカーである。同社はクラフトビールを「小規模な醸造所がつくる，多様で個性的なビール」と定義している。地ビールブーム以降に経営危機もあったが，2003年度以降，増収を続けている。その理由は同社の徹底的なファンとの絆づくり（ファンづくり）にある。

（1）　製品ファンから企業ファンへと絆を深めてゆく
ファンへの入り口は同社代表製品「よなよなエール」（エールビール）で

図表7-5　よなよなエール

（出所）ヤッホーブルーイング

ある（図表7-5）。クラフトビールは大手ビールメーカー製品と異なり特徴的で個性的な製品が多いが，このビールを気に入ってリピートするようになると，公式ビアレストラン（よなよなビアワークス）を訪れたり，同社発信記事・SNSを閲覧するようになる。

　この段階はまだ一製品「よなよなエール」のリピーターである。同社はファンとの絆をもっと深めるために，リアルイベント（よなよなエール 大人の醸造所見学ツアーや，ビールイベント「よなよなエールの超宴」）を定期開催している。醸造所見学ツアーは長野県佐久市の醸造所で行われ，スタッフが原材料や製造工程などについて紹介するものであり，すぐに定員が一杯になるという。またビールイベント「よなよなエールの超宴」は参加者が様々な同社ビールを屋外で楽しむイベントである。これらの**リアルイベントに参加した顧客は一製品ファンではなく，企業ヤッホーブルーイングのファンになっていく。**

　このビールイベント「よなよなエールの超宴」は2010年にファンとのコミュニケーションのために開催した「宴」が元となっていて，初回の参加者

図表7-6　ファンマーケティングの全体像

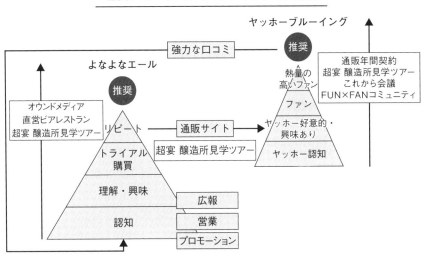

（出所）ヤッホーブルーイング

は40名ほどだったが，今では数千人の大規模イベントになっている。このイベントでは同社ビールに合う飲食や音楽はもちろんのこと，同社ビールをもっと知るための講座やオリジナルグッズ販売など，ファンが楽しめる機会が準備されている。もっと深いファンになる仕掛けが準備されている。多くのスタッフがイベント企画や当日サポートに従事しており，ファンと直接交流している。リアルイベント開催が難しかったコロナ禍期ではオンラインイベント「よなよなエールの"おうち"超宴」を開催し，延べ1万人のファンが参加した。

　さらに**企業側ではなくファン側が自らイベントを企画するのも特徴**である。少人数規模から100人規模まで熱量の高いファン（熱狂的ファン）主催のファンイベントがあちこちで開催されている。そのファンイベントには同社社員が招待参加する場合もあるそうだ。**同社社員とファンとの距離は非常に近いのが特徴**である。このように様々な取り組みを通じて，**一製品ファンから企業ファン，熱量の高いファンへと，絆を深めている**（図表7-6）。また熱量の高いファンはSNSで発信したり友人に薦めてくれるため，ファンが増え続けている。

(2)　ファンと一緒に企業の将来を考える

　同社の熱量の高いファンは「ヤッホーブルーイングの将来を考える」ことにも参画している。それが2018年に開催された「よなよなこれから会議」である。これはファン達が経営者含む同社社員と一緒に同社の未来を考える会議である。参加者は書類審査で選ばれ，公式ビアレストラン（東京・赤坂）に集合し，ノンアルコールで3時間半もの議論が行われた（終了後は同社ビールを楽しむ懇親会）。

　この会議では企業文化を共有した後，参加者がグループに分かれて，今後のプロジェクト案について議論し，発表するものである。ファンが企業に「こんな製品をつくってほしい」「こんなイベントをやってほしい」と提案するのではなく，ファンが「もっと楽しむために」同社と一緒に何に取り組むかを提案するのが特徴である。同社はこの提案が実現するようにサポートす

る。すなわち**ファンマーケティングを社員だけではなくファン自身が企画・推進するところに同社のファンマーケティングの特徴**がある。

(3) ファンとの絆づくりを深めるガッホー企業文化

経営者も含めた同社社員は顧客との距離が非常に近い。そして熱量の高いファンもファンマーティングの推進側に引き込んでしまえるのは，**ファンとの絆づくりを深める企業文化**があるからである。同社の企業文化は「**ガッホー文化**」（頑張れヤッホーが語源）と呼ばれ，同社の行動指針として，社員が仕事する上での基軸となっている。この**ガッホー文化の具体的な項目は**，「**究極の顧客志向**」「**自ら考えて行動する**」「**仕事を楽しむ**」「**切磋琢磨する**」「**フラット**」「**知的な変わり者**」の6つである。

同社の組織はフラットで一般会社のような階層が存在せず，社長も含めてお互いニックネームで呼び合っており，イベントやSNSによく登場する社員はファンからもニックネームで呼ばれ，それが企業と顧客との距離の近さ，フレンドリーなコミュニケーションにつながっている。また社員は決められた仕事をやるのではなく，顧客に満足してもらうために，自ら考えて行動することが求められる。それも仕事そのものを楽しみ，自分の個性を発揮することが求められる。よって常に様々な提案，プロジェクトが自発的に生まれ，それがさらにファンを喜ばせ，新たなファンを生み出すことにつながっている。

同社はGreat Place to Work® Institute Japan が実施した2021年度版日本における「働きがいのある会社」5年連続ベストカンパニーとして選出されている。このガッホー文化が社員の働きがいを生み出しているといえる。

2.2.2 K-POPとファンダム

BTS，BLACKPINK，SEVENTEENなど，K-POP（韓国大衆音楽）が近年世界を席巻している。その背景には，優れた楽曲やパフォーマンス，大規模なプロモーションだけではなく，熱狂的なファンの存在が大きい。K-POPをはじめ，**芸能・アニメコンテンツ業界の熱狂的ファンは「ファンダム(fandom)」**と呼ばれる。ここでは"**ファンダム**"マーケティングについて

学んでいく。

(1)　コンテンツへの容易なアクセスで裾野拡大

　K-POPファンへの入り口はYouTubeでの動画コンテンツ視聴が多い。YouTubeには多くのK-POPアイドル（グループ含む）が公式チャンネルを作り，新曲ミュージックビデオや歌番組出演動画，コンサート出演動画など，多数の動画がアップされており，常に更新されている。たまたま見た一つの動画で興味を持ち，次々と他の動画を見続けて，気が付けばファンになっている（これを"沼にハマる"と呼ぶ）。ファンになるには全くお金もかからず，ネットさえつながっていれば良く，パソコンがなくてもスマホさえあれば良い。

　近年，日本の歌手・アイドルもYouTubeに公式チャンネルを作り，動画をアップしているが，いわゆる所属事務所の公式動画のみであり，掲載コンテンツの数は限られる。一方，K-POPの場合は歌番組出演動画なども放映翌日には動画がアップされる。またミュージックビデオ完成版だけではなく，メイキングビデオや振り付け動画（choreographyと言う）が日々アップされ，舞台裏や練習風景なども見ることができ，ファンは飽きることがない。海外にファンの多いK-POPアイドルであれば多言語字幕付き動画で配信される。

　また韓国のネット大手企業NAVER（ネイバー）がはじめたライブ動画配信サービス「V LIVE（ブイ・ライブ）」の影響も大きい。K-POPアイドルは公式チャンネルを持ち，YouTube同様に様々な動画コンテンツを配信し

図表7-7　VLive（ロゴマーク）

（出所）同社HP

ている。V LIVEの特徴は名称のとおり，K-POPアイドルのビデオ・ライブ配信があることである（**図表7-7**）。

　宿泊ホテルや移動中の車内，自宅部屋から配信され，グループであっても一人で出演することもあれば，複数人で出演することもある。リラックスしながら（時には食事をしながら）最近の出来事や活動内容を話すものであり，チャット機能があるため，K-POPアイドルがチャットの質問内容にリアルタイムで回答してくれる。まるで恋人と長時間ビデオ通話している感覚で，K-POPアイドルの日常や素顔に触れることができる。YouTubeの配信動画がK-POPアイドルのオンで，V LIVEのライブ配信動画はK-POPアイドルのオフといえる。これら**動画コンテンツは"無料"で視聴**できる。よって「○○のファン」と言いながら1円もお金を使っていない人は少なくない（通信費は別）。コンテンツ（動画）へのアクセスが容易かつ無料なため，"沼にハマって"ファンの裾野はどんどん広がっていく。

（2）　フリーミアムモデルで有料ユーザーに移行

　無料視聴できる動画コンテンツでファンの裾野を広げた後は，CD・DVDやオリジナルグッズの購入，ファンミーティングやコンサートのチケット購入などで収益を確保する。この仕組みは「**フリーミアムモデル**」である。**フリーミアムとはフリー（free）とプレミアム（premium）をかけ合わせた造語で，基本料金は無料だが，高度機能や追加サービスを有料で提供するビジネスモデル**である。料理レシピのクックパッドや動画共有サービスのニコニコ動画，インターネットテレビのAbemaTVなどもフリーミアムモデルである。最初は無料で視聴（閲覧）できるが，継続利用や最新コンテンツを視聴するにはお金を払う必要がある。一旦，有料メリットを経験すると無料利用には戻りにくい。

　K-POPの場合，どうやって無料ユーザー（動画を無料で見ている人）を有料ユーザーに移行できているのか。K-POPアイドル（グループ）は動画コンテンツ以外にも，インスタグラムやツイッター等のSNSで情報発信しており，「有料ファンクラブ会員でないと参加できないファンイベント」「CD・

DVDを購入しないと入手できないオリジナルグッズ」「チケット購入が必要なオンラインコンサート」等の告知情報がプロモーション画像とともに発信される。

　前述のV LIVEでも，ライブ生中継や限定動画，ファンイベントを視聴（参加）できる有料サービス「V LIVE＋」があり，コンテンツ単位で購入できる。またV LIVEには別の有料サービス「MEMBERSHIP」があるが，こちらは従来のファンクラブと同様で年会費を支払えば，コンサートやファンミーティングの先行販売，テレビ番組の公開収録参加，限定映像配信などの特典がある。さらにV LIVEではデジタルオリジナルグッズ（V LIVE上で使用するペンライトやスタンプ）も販売しており，ライフ配信中に使用して"推し"の応援ができる。

　ライブ・イベント等は2千円から，デジタルオリジナルグッズは数百円程度（利用期間による）と購入しやすい価格に設定されており，無料コンテンツに飽き足らないファンを有料ユーザーに上手く移行させている。有料コンテンツに満足してもらえれば，継続的に有料コンテンツを購入したり，ファンクラブ会費を払い続けてくれるリピーター，ロイヤルカスタマーになる。

(3)　伝道師であるホームマスター

　リピーター・ロイヤルカスタマーと熱狂的ファンの違いは，**消費者ではなく伝道師，つまり自発的に他の人達に伝播・推奨するファン**である。K-POPアイドルの熱狂的ファンは「ファンダム」と呼ばれるが，そのファンダム（集団）にはそれぞれ名称がある。例えばBTSならARMY（アーミー），BLACKPINKならBLINK（ブリンク）である。各ファンダムは自分達が"推す"アイドルのために，自発的に様々な応援活動をする。例えば世界中の人が歌詞や会話（韓国語）を理解できるように，ファンが自発的に配信動画に様々な言語で字幕をつける。ファンが字幕（サブタイトル）をつけることからファンサブと呼ばれる。前述のV LIVEには配信動画に簡単に字幕をつける機能（V Fansubs）があり，ファン同士や各国ファンで分担して驚くべきスピードで多言語字幕が完成する。さらに多く字幕をつけた人はレベルが上

がり，サイトで貢献者として紹介され，Ｖ LIVE上でコンテンツ購入できる通貨（Ｖ COINS）が貰える場合もある。世界中にK-POPが広がる背景にはこういったファンダムの自発的な字幕作業がある。

　また**ファンダムの中心的人物である「（ホーム）マスター」の存在**も大きい。K-POPでは公式ファンサイト以外にファンが運営するファンサイトが複数あり，その運営代表者はホームページマスターと呼ばれ，ホームマスターやマスター等と略される。マスターは"推し"のコンサートやイベント，公開収録，時には海外遠征まで参加し，撮影した写真や動画，活動内容をファンサイトで公開する。イベント会場入りや空港待合での写真などオフショットも公開している。マスターは事務所関係者ではなく，一ファン，一個人である。膨大な時間と費用をかけて，"推し"の日々を世界中のファンに発信し続ける伝道師である。またマスターは撮影写真を加工して様々なオリジナルグッズを製作し，世界中のファンに販売している。それが活動費用の資金源となっている。さらに"推し"の誕生日にはファン達から資金を集め，お祝いを伝える街頭広告を出すこともある。積極的に活動するマスターはファンダムの中でも有名人，"推し"や事務所からも貢献者として認知され，それが伝道師としてのモチベーションにつながる。

考えるヒント

■ 若者をターゲットとしたフリーミアムモデルを導入できる商品サービスを考えてみよう。

■ 自身がファンであるもの（芸能・アニメ等）を一つ取り上げて，ファンが自発的に推奨・伝道できる仕掛けを考えてみよう。

第8章

シェアリングビジネス

- シェアリングビジネスとは，インターネット上のプラットフォームを介して，モノ・スペース・スキル等の資産をシェア（共有）することで収益を得るビジネスである。プラットフォームを運営する事業者が存在し，プラットフォーム上で提供者側の情報提供，提供者と利用者のマッチング，決済代行，双方の評価等を完結する役割を果たす。

- シェアリングビジネスは個人間の取引が中心であったが，近年は潜在成長力に魅力を感じて企業がシェアリングビジネス提供側にも利用側にも参入している。

- シェアリングビジネスは「スペース」「移動」「モノ」「スキル」「マネー」の5つに分類される。本章ではシェアリングビジネスの実践例として，各分類の代表的企業であるAirbnb（スペース）・Uber（移動）・airCloset（モノ）・クラウドワークス（スキル）・Readyfor（お金）の事例分析を通じて，シェアリングビジネスを学ぶ。プラットフォーム上で完結するテクノロジーだけではなく，人的サポートの仕組みが競争力を高めている。

1 | なぜ今シェアリングビジネスなのか

　シェアリングビジネスとは，インターネットを介して，モノ・スペース・スキル等の資産をシェア（共有）することで収益を得るビジネスである。ここではシェアリングビジネスが台頭した背景と市場への影響について学ぶ。

　シェアリングビジネスと類似した言葉に「シェアリングエコノミー」があるが，対価を伴わない貸し借りや助け合いを含まず，資産をシェアして収益を得るビジネスという意味を明確にするために，本章ではシェアリングビジネスで統一する。シェアリングビジネスの代表的なものには，空き部屋を1日単位で貸すAirbnb（エアビーアンドビー）や，アプリを利用した配車サービスUber（ウーバー），日本ではアプリを利用した出前サービスUber Eats（ウーバーイーツ）の認知度が高い。

1.1 | テクノロジー進化と価値観変化が後押し

　誰でも自由に読める本棚を作ったり，誰でも自由に使える自転車を置いたり，個人間でモノをシェアすることは昔からあった。AirbnbやUberとの違いは，**シェアする度に対価が発生すること，そしてインターネット上のプラットフォームを介してシェアされることである。ここでのプラットフォームとはシェアサービスを提供・運営するサイトやアプリと解釈すると理解しやすい**。例えばAirbnbを利用する場合，Airbnbのサイトやアプリで空き部屋を検索して申し込む。空き部屋を貸す場合も同様にAirbnbのサイトやアプリで登録する。そして**利用料の支払いや受取りの決済もサイトやアプリで行われる。つまり一連のプロセスがすべてインターネット上で完結する**。

　この背景にはテクノロジーの進化がある。まずインターネットが普及したことで誰もがインターネットにアクセスできるようになった。そしてスマートフォンの普及により，どこからでもインターネットにアクセスできるよう

になった。安全で利便性の高いキャッシュレス決済システムの技術進歩も追い風になっている。また見知らぬ相手同士で安心・安全に取引するために，取引ごとにお互いを評価し合い，その評価結果はプラットフォーム上で公開される仕組みもシェアリングビジネスでは一般的である。例えばAirbnbサイトに掲載されている物件情報が正しいか否か，予約者が信頼できる人であるかどうかは，これまでの取引評価結果を見ることで確認することができる。**これらのテクノロジーの進化によって，安全安心かつ利便性の高いシェアリングビジネスが可能となり，一気に利用者（提供者含む）が増えた。**

　シェアリングビジネス躍進の要因として，テクノロジー進化だけではなく，価値観変化も挙げられる。**若い世代を中心に，自動車や家電製品，家具，衣類などモノを所有することより，旅行・レジャーやイベント，芸術鑑賞などの体験を重視する消費傾向がみられる。**モノ所有からコト消費への変化である。生まれた時からモノに満たされていることもあってモノを所有することに関心がないこと，モノを所有するために必死に働いてお金を稼ぐことに価値を感じない等の価値観である。これは経済成長とともに収入が増えて，家や車，家電製品を所有することが喜びだった親世代と全く異なる価値観である。

図表8-1　使い捨て型社会から循環型社会へ

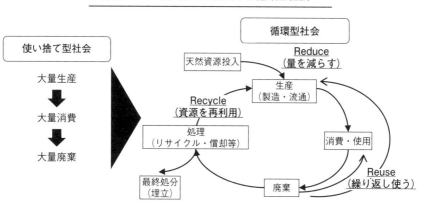

（出所）環境省資料より筆者作成

また世界中が環境問題と資源問題に直面している今，大量生産・大量消費・大量廃棄の使い捨て型社会から，**資源の効率利用・リサイクル・廃棄物抑制等によって持続可能な循環型社会への転換が求められている**（図表8-1）。**これがマイボトルやエコバッグを持ち歩く行動に加えて，モノを所有するのではなくシェアする行動につながっている**。昨今，持続可能な開発のために国連が定める国際目標を示したSDGs（Sustainable Development Goals）が注目されているが，シェアリングビジネスは循環型社会に貢献するものである。

　働き方に対する価値観の変化も大きく影響している。シェアリングビジネスのプラットフォームを運営するのは企業等であるが，実際の提供者は個人が多い。Airbnbの空き部屋を貸すのは個人が多く，UberやUber Eatsのドライバーも同様である。その背景には**終身雇用や年功序列の撤廃，大企業の経営破綻など，正社員として企業に所属していれば一生安泰ではないことに皆が気付きはじめ，副業として別の収益源をシェアリングビジネスで得ようとする人が増えている**。実際に社員の副業・兼業を認める企業は年々増えており，社員のスキルアップやモチベーション維持につながるとしているが，（給料がなかなか上がりにくい中）社員の収入補填として認めざるを得ない背景もある。近年のコロナ禍で在宅勤務が増えて，働く時間をコントロールしやすくなったことも追い風になっており，休憩時間や勤務時間終了後にUber Eats等のドライバーとして働く人も増えている。

　さらに**平均寿命延伸に伴い，会社勤めや子育てが終わった後の人生（セカンドステージ）がこれまで以上に長くなる「人生100年時代の到来」もシェアリングビジネスの追い風になっている**。現役時代のように毎日働く必要はないが，一定の収入を得たい人にはシェアリングビジネスは合致している。詳細は後述するがシェアリングビジネスは使っていない部屋を貸したり（資産のシェア），隙間時間にドライバーをする（時間のシェア）だけではなく，自分のスキルを使って人に何かを教育指導したり，インターネットを介して仕事を受託することができる（スキルのシェア）。単なる収入を得る手段だけではなく，会社を退職した後も自分のスキルを活かして，社会とのつなが

りややり甲斐を感じることもできる。

1.2 | シェアリングビジネスは経済成長に貢献する

　モノを所有するのではなくシェアする行動は，一見すると商品サービス支出の抑制すなわち経済市場の縮小に見える。自動車を購入せずにカーシェアリングを利用する，タクシーを利用せずにUberを利用する，ホテルに宿泊せずにAirbnb（個人の家）を利用する，新しい家具を購入せずに家具シェアサービスを利用するといったように，既存業界・企業には脅威（売上低下）となっているのは確かである。

　しかし**シェアリングビジネスの躍進はむしろ新しい需要の創造，経済市場の成長につながっている。一つはこれまで利用しなかった人の需要が生まれている。**例えばこれまで費用面で旅行を諦めていた人がAirbnbで安く宿泊できるため旅行に行く，マイカーがないから郊外のホームセンターに行けなかった人がカーシェアリングで買い物に行く，という行動である。コロナ禍で在宅勤務が増えてフードデリバリー（飲食の宅配）市場が急成長したが，隙間時間に働く多くの宅配ドライバーがいるからこそ，ここまで市場が拡大したのである。

　また**サービス業の場合は需要の平準化が課題であるが，シェアリングビジネスによって供給力が増えるため，需要平準化と需要創造につながる。**例えば週末に駐車場が一杯になる観光地で，周辺の個人・店舗が週末だけ駐車場を貸せば，もっと多くの観光客が来訪できることになり，駐車場支出以外の消費（宿泊・飲食・買い物など）も期待できる。

　そして**シェアリングビジネスは「商品を新たに購入せずに借りる（例：自動車を買わないでカーシェアリング）を利用する」といった代替品としての位置付けではなく，全く新しいビジネスも生み出している。**前述したスキルのシェアはその一つである。シェアリングビジネスの提供側であれば新たな収入を得ることができ，それが新たな消費支出にもつながる。

　一般社団法人シェアリングエコノミー協会によれば，国内のシェアリング

エコノミー市場規模は2020年度で2兆1004億円にのぼり，2030年度で14兆1526億円に拡大することが予想されている。

2 | シェアリングビジネス

　前節ではシェアリングビジネスが台頭した背景と市場への影響について学んだが，ここではシェアリングビジネスの概要とともに，事例を通じてシェアリングビジネスを具体的に学ぶ。

2.1 | シェアリングビジネスの概要

2.1.1 | シェアリングビジネスのビジネスモデル

　シェアリングビジネスとは，インターネットを介して，モノ・スペース・スキル等の資産をシェア（共有）することで収益を得るビジネスである。具体的には**主に個人間でインターネットを介して賃借や売買を行うものであり，両者の間にインターネット上のプラットフォームを運営する事業者（以降，シェアリング事業者）が存在し，利用者（購入者）より手数料を得るビジネスモデルである。シェアリング事業者の主な役割は，提供者側の情報提供（詳細説明，空き状況等），提供者と利用者のマッチング，決済代行（利用料徴収，手数料を除いた報酬支払），双方の評価機能，**である。

　シェアリングビジネスの基本スキームを整理すると，①提供者がプラットフォームに情報を掲載する（家であれば物件概要や空き状況等），②利用者がプラットフォームで情報閲覧・検索して（プラットフォーム上で）予約・申込する，③プラットフォーム上で利用料を事前に支払う（決済），④利用・購入する，⑤手数料を除いた金額が提供者に支払われる，⑥双方が評価する，である（**図表8-2**）。これは基本的なフローであり，提供者が登録料を別途支払う場合や，利用者も手数料を別途支払う場合もある。主なシェアリング事業者の詳細ビジネスモデルは後述する。

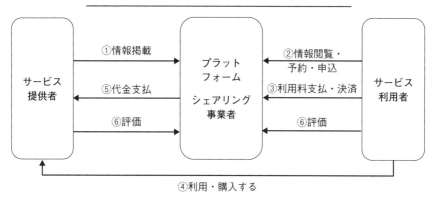

図表8-2　シェアリングビジネスの基本スキーム

（出所）筆者作成

　シェアリングビジネスは個人間の取引が中心であるが，潜在成長力に魅力を感じて企業がシェアリングビジネス提供側に参入している。また近年は企業がシェアリングビジネス利用者にもなっている。個人及び法人の取引は4つに分類できる（**図表8-3**）。シェアリングビジネスはAirbnbやメルカリのように空き部屋を利用する・不用品を売買する，といった個人間取引で広がってきた。特に若い世代を中心にモノ所有（マイカーを購入する，ブランドバッグを購入する等）に関心を持たずコト消費を重視する傾向にあるため，自動車会社が自動車販売ではなく貸し出す，アパレル会社がブランドバッグ

図表8-3　4つのシェアリングビジネス取引形態

提供者to利用者	具体例
CtoC（個人から個人）	個人の家を個人に貸す（Airbnb等） 個人が不用品を個人に販売する（メルカリ等）
BtoC（企業から個人）	自動車会社が自動車を個人に貸す（カーシェアリング） 観光地が自転車を観光客に貸す（自転車シェアリング） アパレル会社が洋服を貸す（ファッションシェアリング）
CtoB（個人から企業）	個人が車を企業に貸す（カーシェアリング） 個人が企業からデザイン制作を請け負う（スキルシェアリング）
BtoB（企業から企業）	ビルの会議室を企業に貸す（会議室シェアリング）

（出所）筆者作成

販売ではなく貸し出すといった，BtoCシェアリングが台頭している。他にも利用側が法人のケースも増えている。詳細は後述するが，個人が企業からデザイン制作を請け負うCtoBシェアリングや，ビルの会議室（企業）を企業に貸すBtoBシェアリングである。

2.1.2 | シェアリングビジネスの分類

シェアリングビジネスの分類は様々であるが，本章では「**スペース**」「**移動**」「**モノ**」「**スキル**」「**マネー**」の5つに分類する（図表8-4）。

「スペース」シェアリングは，空いている場所・空間・スペースのシェアである。使っていない部屋や家屋，会議室，駐車場，イベントスペース，店舗等をシェアするもので，最近では農地や公共施設（廃校等）のシェアも誕生している。代表的なものは使っていない部屋・家屋を貸し出すシェアリン

図表8-4　シェアリングビジネスの分類

分類	内容	代表企業
スペース	使っていない部屋や家屋，会議室，駐車場，イベントスペース，店舗等をシェアする。短時間のシェアも含む。	Airbnb・akippa・軒先ビジネス・スペースマーケット・軒先パーキング
移動	自動車や自転車等の乗り物をシェアする。自家用車で他人を運送するサービスや相乗りサービスも含む。	Uber・Uber Eats・オリックスカーシェア・COGICOGI・notteco
モノ	不用品を売買したり，所有せずに必要時・一定期間だけ借りる。ネットでのフリーマーケットやオークション，個人の持ち物を個人に貸し出すシェアサービスや，企業が衣類品等を貸し出すサービス。	ヤフオク！・メルカリ・メチャカリ・airCloset・ジモティー・ラクサス
スキル	個人が持つ様々なスキルをシェアするサービスであり，家事代行や介護，家庭教師，観光ガイドといった人的サービスをシェアするサービスや，アプリ開発やデザイン制作，記事執筆などナレッジスキルをシェアするサービス。	カジタク・タスカジ・クラウドワークス・ランサーズ
お金	特定目的のためにインターネットを介してお金を集めて，寄付や投資，商品サービスを購入するサービスであり，クラウドファンディングとも呼ばれる。	Makuake・READYFOR・CAMPFIRE・クラウドバンク・SBIソーシャルレンディング

（出所）筆者作成

グビジネスとして「Airbnb」である。

「移動」シェアリングは，自動車や自転車をシェアするサービス（カーシェアリング，シェアサイクル等）や，自家用車で他人を運送するライドシェアサービス，同じ方向に行く人同士で相乗りするサービスがある。代表的なものは個人が自家用車で他人を運送する配車サービス「Uber」である（日本では限定展開）。日本ではフードデリバリーの配達をする「Uber Eats」の認知度が高い。

「モノ」シェアリングは，インターネット（アプリ）上で不用品を売買するフリーマーケット・オークションが以前よりあるが，個人の持ち物を個人に貸し出すシェアサービスや，企業が衣類品やハンドバッグ，時計，家具などを貸し出すサービスなども誕生している。

「スキル」シェアリングは，個人が持つ様々なスキルをシェアするサービスであり，家事代行や介護，家庭教師，観光ガイドといった人的サービスをシェアするサービスや，アプリ開発やデザイン制作，記事執筆などナレッジスキルをシェアするサービスがある。

「マネー」シェアリングは，特定目的のためにインターネットを介してお金を集めて，寄付や投資，商品サービスを購入するサービスであり，クラウドファンディングとも呼ばれる。寄付や社会貢献，資金調達の新しい形となっている。

なお，音楽・映画・漫画等のデジタル著作物をインターネットを介して定額利用（サブスクリプション）するサービスは，シェア（共有）とは異なるため，本章ではシェアリングビジネスに含まない。

2.2 | 実践シェアリングビジネス

ここでは「スペース」「移動」「モノ」「スキル」「マネー」の事例研究を通じて，シェアリングビジネスを具体的に学ぶ。

2.2.1 | 「スペース」シェアリング

「スペース」シェアリング事例としてAirbnb（エアビーアンドビー）を取り上げる。Airbnbは，インターネットを介して空き部屋（家）を1日単位で個人間で貸し借りするサービスである。Airbnbは2007年にアメリカ・サンフランシスコで現代表2名が借りていたロフトの一部をインターネットを介して他人に貸すことからスタートし（2008年に法人設立），わずか10数年で世界中でホスト（部屋を貸す側）は400万人以上，ゲスト（部屋を借りる側）は累計8億人以上まで急成長した（2020年9月時点）。2020年12月に米国ナスダック市場に上場し，時価総額は一時10兆円を超えた。急成長の背景には他社が模倣しにくい独自のビジネスモデルがある。

Airbnbは貸す物件は保有しておらず，ゲスト（宿泊したい人）とホスト（宿として貸したい人）とをマッチングするインターネット上のプラットフォームを運営して，両方から手数料を得るビジネスモデルである。具体的に，ホストは部屋情報をAirbnbサイト（アプリ含む）に登録し，ゲストはそのサイトを検索して予約を申し込む。ゲストはAirbnbサイトを介して利用料を支払うが，ゲストは宿代の6〜12%をゲスト手数料として支払い，ホストは宿代の3%をホスト手数料として差し引かれて受け取る（図表8-5）。

図表8-5　Airbnbのビジネスモデル

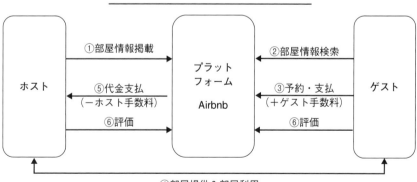

（出所）筆者作成

予約申込から利用料支払い，受取等の決済もすべてインターネット上のプラットフォームで完結するため，ホストおよびゲスト両方にとって利便性・安全性が高い。さらなるAirbnbの強みは個人間取引で生じるリスクを最小化する仕組みが確立している点である。個人間取引のため，ホスト側は「非常識なゲストだったらどうしよう」「盗難や破損されたらどうしよう」，ゲスト側は「公開されている写真・情報と実際が違っていたらどうしよう」「ホストが不親切な人だったらどうしよう」といった不安・懸念がある。その不安・懸念を払拭するために，Airbnbでは相互レビューの仕組みと24時間体制カスタマーサポートがある。相互レビューの仕組みは利用後にお互いの評価・コメント（レビュー）を相互に記入する。それを参考に「このゲストには貸したくない」「このホストの家は避けよう」と判断できる。また24時間体制カスタマーサポートでは電話・メール・チャットでトラブル解決に対応している。トラブル内容によって，ゲストへの返金や他宿泊施設の紹介，ホストの物損被害は保証金を請求できる。このような**個人間取引の不安・懸念を払拭する仕組みが利用を促進**させている。

　またAirbnbの利用理由は「ホテルより安いから」だけではなく「（通常のホテルにはない）オリジナルな滞在・体験ができる」ことであることも多い。通常の住宅・部屋だけではなく，クルーザーや城，テント，個人所有の島，ツリーハウスまで宿泊先もバラエティに富んでいる。さらに観光・文化・自然探索・スポーツ・料理などホストが独自で準備・コーディネートするコト体験もある。

　Airbnbを模倣して，後発でマッチング機能と決済機能を備えたプラットフォームと相互レビューの仕組みを構築できたとしても，世界中の言語に対応できる24時間体制カスタマーサポートを築くのは容易ではない。そしてバラエティ豊かな宿泊先，オリジナリティ溢れるユニークなコト体験を世界中で次々と提供することは（Airbnbではなくホストが提供するのだが）さらに難易度が高いといえる。

2.2.2 │「移動」シェアリング

　「移動」シェアリング事例としてUber（ウーバー）を取り上げる。**Uberは
スマホアプリ（プラットフォーム）を介して，車での移動を希望するユー
ザーとドライバーをマッチングする配車サービスであり，ライドシェアとも
呼ばれる。**自家用車を登録・使用すれば誰でも，個人事業主としてUberの
ドライバーになれる（ただし日本では一般ドライバーが人を乗せて料金を得
ることは道路運送法で原則禁止されている）。Uberサービスを提供するウー
バー・テクノロジーズ社は2009年にアメリカ・サンフランシスコで設立され，
翌2010年にスマホアプリを介した配車サービスとして始まった。わずか1台
で始まったUberは瞬く間にアメリカから世界に広がり，わずか10年で約70
カ国で利用でき，1日に約16百万もの配車依頼がある（2020年度第4四半期
値）。車で他人を運ぶサービスとして既にタクシーが存在する中，なぜUber
は短期間で世界中に広がったのだろうか。

　車での移動を希望するユーザーがUber（スマホアプリ）を介して配車依
頼（リクエスト）すると，スマホ端末のGPS機能を通じて近くにいるUber
ドライバーとのマッチングが行われ，目的地までの時間と料金が表示される。
ドライバーがユーザーを送迎した後，オンライン決済（ユーザーは予めクレ
ジットカードを登録）が完了する。ドライバーとユーザー間では金銭授受は
行われず，ユーザーがUberに支払った運賃から仲介料を除いた運賃がドラ
イバーに支払われる。つまりUberの収入源はドライバーから得る仲介料で
ある。そして利用後にお互いの評価・コメント（レビュー）を相互に記入す
る（**図表8-6**）。

　短期間に**世界中で広がった理由の一つは安全・安心**である。日本では考え
られないが，世界ではタクシー利用が安全とはいえない国がまだまだある。
例えば意図的な遠回りや法外な値段，強盗や暴力などである。しかしUber
であれば予め目的地までのルートや概算料金は表示され，オンライン決済の
ため"ぼったくられる"ことがない。さらに予め評価レビューで運転スキル
や接客レベル等を確認できる。

　もう**一つの理由は利便性の高さ**である。スマホで簡単に配車依頼，事前に

図表8-6　Uberのビジネスモデル

目的地まで送迎

ドライバー　利用客マッチング　　　配車リクエスト　ユーザー

支払（仲介料除く）　　　　運賃決済

評価　　　　　　　　評価

（出所）筆者作成

目的地までのルートと概算料金を確認，迎車の待ち時間無し（到着までの所要時間表示），行き先やルートに関する運転手との会話・指示も不要，スムーズなオンライン決済など，ユーザーにとってメリットが大きい。特に初めて訪れる地域や，ビジネスや旅行で訪れた外国人にとって，Uberは非常に利便性が高い。もちろんドライバーにとってもメリットが大きい。ドライバーは自家用車を使って空き時間に金銭を稼ぐことができる。隙間時間にUberのシステムが近い場所にいるユーザーを結びつけてくれるため，通常のタクシーのように客を乗せていない（お金を生み出さない）時間が発生せず合理的である。また休日の繁華街など需要が高い時間帯・エリアでは料金を高めに設定できるなど金銭的メリットもある。

　ユーザーとドライバー双方にとってメリットのあるUberだが，日本では一般ドライバーが人を乗せて料金を得ること（いわゆる「白タク」）は法的に原則禁止されている。しかし公共交通機関が少なくタクシー廃業が増えている過疎地ではニーズが高いため，国家戦略特区で実験的な取り組みも始まっているが，タクシー業界の反対もあり，日本では正式展開できていない。

　一方，**日本ではUberといえば「Uber Eats」の認知度が高い**。ネット（スマホ）で注文した料理を配達員が配達するフードデリバリーであり，コロナ禍で在宅率が高まり一気に利用が広がった。料理を宅配するのは業務委託された個人であり（Uber Eats配達パートナー），自前の自転車や原付バイクを使って，隙間時間に稼働（宅配）でき，週単位で収入を得ることができる。

例えば会社員が昼休み時間だけ稼働することもできる。まさしく時間や自転車・原付バイクのシェアである。Uber EatsはUber（ライドシェア）同様に「Uber Eatsアプリ」がプラットフォームとなり，利用者からの注文受付・料理店への発注・配達パートナーへの配達依頼・クレジット決済・配達パートナーへの報酬支払（週単位）まで対応する。配達パートナーは指定された飲食店に料理を受け取り，注文者に配達するだけだ。

　隙間時間に小遣い稼ぎをしたい個人にとってメリットが大きいが，宅配を依頼する料理店にとってもメリットは大きい。コロナ禍で来店客が急減し料理宅配に進出・強化したい料理店にとって，自前で配達員を雇用することは難しいが，注文受付から決済までアプリで完結する。

2.2.3 「モノ」シェアリング

　「モノ」シェアリング事例としてairCloset（エアークローゼット）を取り上げる。airClosetは株式会社エアークローゼットが提供するBtoCファッションレンタルサービスである。2015年2月にサービス開始し，わずか7年で会員数が60万人を突破している（2021年10月時点）。これまでも衣料品レンタルはあったが，ドレスや着物など冠婚葬祭・イベント用ではなく普段着に特化したこと，1回ごとではなく月定額のサブスクリプションであること，またシェアリングビジネスの特徴であるインターネット上のプラットフォームを利用する点が特徴である。

　利用希望者はairClosetアプリ・サイト（プラットフォーム）でファッションの好みや利用シーンと共に登録入会すると，スタイリストが選んだ服が3着届き，着終わって返送すれば，新たな3着が届くシステムである。着用後に交換でき，逆に気に入った場合は会員価格で購入可能である。また洗濯やアイロンも可能で，返却時のクリーニングは不要である。料金プランは月1回3着までのライトプラン7,480円（税込）からと手ごろである（**図表8-7**）。仕事や家事，育児に追われる20〜40代の女性がターゲットであり，お洒落をしたいが買い物に行く時間がない，服を選ぶのが面倒，服を保管する場所がない，自分に何が似合うかわからない等のニーズを解決するサービスである。

図表8-7　airClosetの料金プラン

（出所）エアークローゼット提供

airClosetの強みは専門家（スタイリスト）とAIテクノロジー，独自に構築した循環型物流にある。同社はスタイリストやアパレル職（販売員・デザイナー等）の経験がある約300名のスタイリストと契約しており（選定基準や研修あり），プロの目線でコーディネートした服を顧客に届けてくれる。スタイリストは社員もしくは業務委託の場合があり，仕事（顧客への提案）は自宅のパソコンでできるため業務委託の場合は他の仕事と両立できる。airClosetはモノ（衣料品）のシェアだけではなくスキル（ファッションスタイリング）のシェアでもある。またairClosetのファッションスタイリングにAI（人工知能）も活用している。35万着のアイテムから顧客の好みやニーズに合わせたAIのレコメンド（提案）がスタイリストのコーディネートを補助している。また届いたコーディネイトに対して感想をフィードバックする仕組みがあるため，利用回数が増える度に，利用者の好みやニーズに近づいていく。加えて，**サービスを下支えしているのが独自に構築した循環物流だ**。商品を個品単位で管理し還流・再生して何度も回転させる循環型物流の仕組みを構築し，洋服一着一着の着られる機会を増やし無駄に捨てられることを防いでいる。

airClosetの躍進の背景には，**若者を中心としたモノ所有からコト重視への価値観変化，アパレル廃棄問題など大量生産・大量廃棄への問題意識**がある。衣料品のレンタルは昔からあるビジネスだが，プラットフォーム（専用サイト・アプリ）での完結，専門家（スタイリスト）とAIテクノロジーが新規性であり，同社の強みである。

2.2.4 │「スキル」シェアリング

「スキル」シェアリング事例としてクラウドワークスを取り上げる。**クラウドワークスは株式会社クラウドワークスが，インターネット上のプラットフォームを介して，仕事をしたい人（クラウドワーカー）と仕事を発注したい人（クライアント）をマッチングして報酬の支払いまで完結する，日本最大級のクラウドソーシングサービス**である。**クラウドソーシングとはCrowd（群衆）とSourcing（業務委託）を組み合わせた造語で，インターネットを介して不特定多数の人に仕事を依頼したりアイデアを求める，すなわち不特定多数の人のスキルやアイデアを活用する**ことを意味する。クラウドワークスは2011年に創業し，わずか3年後の2014年に東証マザーズに上場している。クラウドワーカー登録者は全国450万人以上，クライアントは74万社，総契約額は152億円である（2020年度決算報告）。

クライアント（発注者）が発注したい仕事内容をプラットフォームに登録して，クラウドワーカー（メンバー・受注者）が応募し，スキル・条件が合致すればマッチングする仕組みである。マッチングの後もオンライン上で成果物の納品や検収が行われ，報酬が支払われる。報酬の支払いには「仮払い」システムがある。これはマッチングが成立した時点でクライアントからクラウドワークスに支払い（仮払い）が行われ，依頼業務の検収終了時点でクラウドワークスからクラウドワーカーに報酬が支払われるシステムであり，クラウドワーカーへの報酬未払いを防ぐことができる。仕事内容はデータ入力や営業資料作成，ロゴやデザイン作成，ホームページ作成，動画編集，翻訳，プログラミング，記事作成など様々である。クラウドワークスはシステム利用料として収益を得ているが，クライアントからは得ておらず，クラウ

図表8-8　クラウドワークスのビジネスモデル

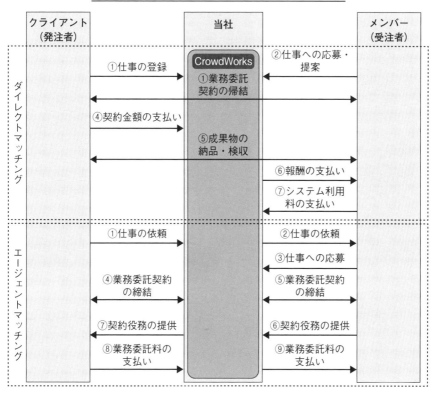

（出所）クラウドワークス提供

ドワーカーから契約金額の5～20％をシステム手数料として得ている（**図表8-8**）。

　ただし仕事の依頼方法・内容によっては別途クライアントがオプション料金を支払う場合もある。仕事を発注するクライアント側にとって，依頼する仕事内容にマッチした人材をプラットフォームで早期に探すことができ，発注・検収業務や報酬支払などもプラットフォーム上で完結するため効率的である。また一般的には既存水準よりコストを抑えることができる。一方，仕事を受けるクラウドワーカー側もメリットが大きい。自分のスキル・経験を活かしてお金を稼ぐことができ，働く場所も時間も自由に選べる。会社員を

しながら副業として仕事をすることもできる。これまで個人（個人事業主）として働く場合，仕事を受注するための営業活動や契約事務等の負担，報酬の未払いリスク等の問題があったが，クラウドワークスのプラットフォームがそれらを解決する。副業・兼業・デュアルワーク・ワーケーションなど，一つの仕事・職場にこだわらない働き方が広がる中，働く場所や時間を選ばないクラウドソーシングは今後も広がるだろう。

2.2.5 | 「お金」シェアリング

　「お金」シェアリング事例としてReadyforを取り上げる。**Readyforは READYFOR株式会社が，インターネット上のプラットフォームを介した，クラウドファンディングサービス**である。**クラウドファンディングとは Crowd（群衆）とFunding（資金調達）を組み合わせた造語であり，資金を集めたい人と資金を提供する人とをマッチング**することである。Readyforは2011年3月から始まった日本初のクラウドファンディングサービスであり，20,000件以上の掲載プロジェクト，200億円以上の資金を調達している。通常の金融サービスは金銭的リターン（利回りや配当等）を期待して資金提供（運用）するが，クラウドファンディングの場合は金銭的リターンより「支援」目的で資金提供するのが特徴である。インターネットを介して，応援したい活動・人に資金を提供することで支援するものであり少額から支援できる。

　Readyforには主に2つの支援方法がある。「**購入型クラウドファンディング**」と「**寄付型クラウドファンディング**」である。まず購入型クラウドファンディングは，資金を集めたい実行者がアイデア（作りたい商品やサービス等）をプラットフォームに掲載して，そのアイデアの実現を応援した人が資金を提供する。資金提供の見返り（リターン）としてその商品やサービス，体験・権利等を受け取れる（利用できる）。

　例えば廃番になった製品の復刻版を作りたい，自然をテーマにした映画を作りたい，シャッター街の店舗を再生したい等，実行者の夢や想いが詰まっている。自己資金が足りない実行者が資金支援を求めて掲載する場合が多い

が，最近では大企業が新製品・サービスのニーズ調査やフィージビリティ調査を兼ねて掲載する場合も増えている。また掲載した時点でSNSで話題になることもあり，クラウドファンディングの目的が資金調達だけではなく，テストマーケティングやプロモーションの目的へと広がっている。

　もう一つの寄付型クラウドファンディングは公益的な活動を行っている団体（NPOや学校法人，自治体等）が社会課題解決・社会貢献のため寄付金を集めるものであり，商品やサービスなどのリターンはなく，お礼メッセージや活動報告などがリターンである。テーマは災害や人道支援，子どもの教育，福祉，人権，女性支援，国際支援など多岐にわたる。特にコロナ禍で医療従事者への寄付が増え，クラウドファンディングは身近な寄付行為として定着しつつある。

　Readyforの収益は実行者からの手数料であり，支援金（資金調達）総額の12%（手数料7%＋決済手数料5%，別途消費税）が基本プランである。またプロジェクトの準備から終了まで専任担当者がサポートするフルサポートプランは支援金総額の17%である。担当者はキュレーターと呼ばれ，伴走者としてプロジェクトの目標達成に向けて，提案やアドバイスを行う。これまで資金支援者や寄付者を探して，資金提供・寄付を受けることは非常に時間も手間暇もかかることであった。逆に資金提供先や寄付先を探して資金提供・寄付を行うことも同様である。しかしクラウドファンディングのプラットフォームができたことで，**早期かつ効率的に個人が持つお金をシェアして，社会に循環させる**ことができる。

COLUMN 8 - 1

信用スコアとシェアリング

　信用スコアとは職業・年収・資産・借入・返済状況等の個人情報に加えて，購入動向・購入履歴・決済履歴などの個人に紐づくデータを個人の信用力として人工知能（AI）がスコアリング（数値化・可視化）したものである。中国では決済履歴等の情報をもとに信用スコアが算出され，高得点の人は金利優遇や，シェアリングサービスおよびホテル利用時のデポジット支払い免除などの様々な特典・優遇措置がある。事業者側は信用ス

コアによって利用者が信用できるか否か（不正しない・問題を起こさない・支払いが遅れない等）を客観的に判断できる。日本国内でもクレジットカード発行やローン申込みの時には信用情報が判断基準とされる。シェアリングビジネスは見知らぬ相手と取引する為，お互いの評価（点数・コメント）を参考にしており，信用スコアとの親和性は高い。既に日本でも信用スコアリングサービスが始まっており，社会に出た後の行動一つひとつが数値化・可視化され，それが日常の生活の特典・優遇に影響する時代が到来するかもしれない。

考えるヒント

- 大学生が持つスキルをシェアリングできるビジネスを考えてみよう。
- 購入型クラウドファンディングの実行者になって，実現してみたい商品・サービス，イベント等を考えてみよう。

第 9 章

地方創生・地域ブランディング

- 「地方創生」は，2014年（平成26年）9月に発足した第二次安倍改造内閣からスタートした。その目的と，地方が目指すべき姿を示す法律「まち・ひと・しごと創生法」は「人口急減・超高齢化という大きな課題に対し，各地域がそれぞれの特長を活かした自律的で持続的な社会を創生できること」を定義づけている。

- 地方創生推進交付金の活用で，地方の魅力を国内外に発信する「地域ブランディング」が生まれている。「地域ブランディング」の手段が「シティプロモーション」であり，多くの自治体で，イベントや広告，Web動画などの様々な形態で行われている。

- 「シティプロモーション」で成果を上げた事例として，北海道上川郡東川町「写真の町の取り組み」を紹介する。人口8,000人余りの町が，人口増に転じた秘密を知る。

- 「シティプロモーション」において「自治体キャッチコピー」が成果につながった事例を学ぶ。大阪府大東市・奈良県観光協会・北海道上川郡東川町のコピーはいずれも，他の自治体との差別化と生き残りを図る戦略と志に基づいている。

- 「自治体キャッチコピー」は，背景に自治体の戦略が存在し，「地方創生」の羅針盤となり得る。キャッチコピーが存在しないことは，「地方創生」の戦略がないとも言える。

1 ｜「地方創生」の基本を知ろう

1.1 ｜「地方創生」はどのようにして生まれたか

「地方創生とは何か？」という問いに，皆さんは即座に答えられるだろうか。言葉そのものは多くの媒体で目にする上に，難しい表現ではないのでわかっているような気になる。しかし，その本質を理解し，さらに自ら実行できる人は少ないだろう。一方で，若い皆さんの中には「ふるさとに貢献したい」「ふるさとの役に立つ人材になり，地元で就職したい」という高い志を持つ人は多い。

　皆さんの志とアイデアが形になり，それが未来に続くことを目指したい。そこで本章では，「地方創生」の本質を正しく理解し，アイデアの土台を身に付けていく。前半の第1節では，「地方創生」とはそもそも何か，を示す。後半の第2節では，「地方創生」の本質を捉えたシティプロモーションと称される成功事例を紹介する。皆さんがこれから考える地方創生のアイデア，地方を元気にする施策を自ら生み出すためのヒントにしてほしい。

1.1.1 ｜「地方創生」の大元となる法律とは?
◆人口減少を前提にして，地域の活力向上を目指すことが大切
　まずは，「地方創生」という言葉の成り立ちと，「地方創生」を説く法律を知ろう。法律が示す「地方創生」とは何か。その目的はどんなことだろうか。
　「地方創生」の政府の施策は，2014年9月に発足した第二次安倍改造内閣からスタートした。初代・内閣府特命担当大臣（地方創生担当）は，鳥取県を選挙区とする石破茂氏である。2016年4月1日は「まち・ひと・しごと創生法」が施行された。同法第1条には，地方創生の目的が次のように示されている。

まち・ひと・しごと創生法（目的）第1条
　この法律は，我が国における急速な少子高齢化の進展に的確に対応
し，人口の減少に歯止めをかけるとともに，東京圏への人口の過度の
集中を是正し，それぞれの地域で住みよい環境を確保して，将来にわ
たって活力ある日本社会を維持していく（以下略）

　この法律におけるキーワードは，**「少子高齢化と人口の減少」「東京圏一極**
集中の是正」「地域で住みよい環境を確保」「活力ある日本社会の維持」の4
点である。
　さらに内閣官房が設置した「まち・ひと・しごと創生本部」のWebサイ
トでは，本部設置の目的を「人口急減・超高齢化という我が国が直面する大
きな課題に対し，政府一体となって取り組み，**各地域がそれぞれの特徴を活**
かした自律的で持続的な社会を創生できるよう，まち・ひと・しごと創生本
部を設置しました」と示されている。
　この文章の冒頭が示す人口減少への対応を「人口を増やす」ことと解釈す
ると壁に当たる。女性が働きやすい職場づくりや非正規雇用問題による非婚
者増の解決など，様々な問題をクリアしなければ，人口増は難しいからだ。
安倍晋三元・総理も著書『美しい国へ』で人口減少に関して，次のように述
べている。

　　　政府の少子化対策が功を奏して，多少出生率が回復したとしても，人
　　口減少の流れそのものをくいとめることはできない。少子化は先進国に
　　共通する傾向だし，産む世代の人口がすでに大きく減ってしまっている
　　からだ。

　つまり，**人口減少は揺るがぬ前提として，どう克服し，地域経済を活性**
化・持続化していくか。それが「地方創生」の本質と理解しなければならな
い。まち・ひと・しごと創生法は「まちを担う人材をつくり，魅力的な仕事

が得られ，豊かな生活ができる地域をつくってください。国も応援します
よ」とメッセージを国民と地方に送っている。

　では国から「地方創生」の呼びかけを受け，日本にはどのような動きが
あったのか。目的の一つである東京一極集中は是正されたのかを，次項から
探っていこう。

1.1.2 ┃「東京一極集中の是正」が進まない社会背景の数々

◆コロナ禍による東京脱出層の行き先はどこか?

　総務省統計局のデータ（統計TodayNo.168）によると，2020年に発生した
コロナ禍の影響により，**集計開始の2013年7月以降で初めて2020年5月に
東京は「転出超過」，つまり転入者より転出者数が上回るという現象**が起き
た。**2020年7月以降は6カ月連続「転出超過」**が続いている。通勤の必要
がないテレワークというスタイルも生まれ，**家賃の高い東京から脱出する人
も現れた。**

　しかし，東京を脱出した人たちの引っ越し先は地方ではなかった。同じく
総務省統計局のデータ（統計TodayNo.168）の「東京都からの転出者数の前
年同期差（道府県，2020年4月～12月計）」によると，東京都と隣接する神
奈川県・千葉県・埼玉県が東京都からの転入者数を増やしていた。コロナ禍
をきっかけに，**「東京都から遠く離れた地方で暮らすライフスタイルが広
まった転出超過」**ではなかったのだ。

◆地方と大都市の間に生まれた距離感

　2020年に発生したコロナ禍により，地方と大都市の間にある種の距離感が
生まれた。政府はコロナ禍による経済疲弊を解決する取り組みとして「Go
Toキャンペーン」を行った。しかし，新型コロナウイルス感染拡大は予想
を越え，地方の観光地は「大都市からの来客お断り」を掲げるところが出て
きた。東京や大阪など感染者の多い都市で働く人や大学生は，故郷への帰省
も「親から帰ってくるな，と言われた」と嘆く。

　こういった「地方と大都市の間に生まれた距離感」は，国民の間に対立構

造を生み，ひいては地方への移住ブームにも水を差したようだ。このような社会情勢の変化はあるものの，依然として地方に求められるのが「地域ブランディング」という考え方である。

1.2 | 「地域ブランディング」とは何か

「地域ブランディング」とは，地域の魅力や価値のPRにより，広く認知度を上げていくことである。有名な例は，熊本県の「くまモン」である。くまモンのキャラクター商品は莫大な利益を県にもたらした。くまモンに続けとばかりに，多くの自治体からご当地キャラクターによる「地域ブランディング」の施策が生まれた。

2014年からは地方創生推進交付金という制度が開始され，様々な「地域ブランディング」の施策が生まれている。国から交付金を受け取るには，**地域活性化に資する自主的・主体的で先駆的な事業の支援を目的とするという条件**があるため，様々な「地域ブランディング」の施策が誕生した。交付金を

図表9-1　地方創生推進交付金から生まれた地域ブランディング施策の例

ローカルイノベーション
●岐阜県羽島市　下町ロケットin尾州産地!　〜国内最大の素材資料館を活用した尾州産地ブランド力強化プロジェクト（人材育成・確保，販路の拡大）〜
農林水産業（しごと創生）
●福岡県八女市　「八女伝統本玉露」の世界のスーパーブランド化事業
観光振興（しごと創生）
●秋田県　あきた発酵ツーリズム推進事業
地方へのひとの流れ
●愛媛県東温市　稼ぐ地域が人を呼ぶ!移住地「とうおん」ブランド創生事業
働き方改革
●千葉県船橋市　多彩な人材が活躍できる「働きやすいまち・ふなばし」の実現
まちづくり
●北海道夕張市　みんなの力でつくる「石炭博物館再生プロジェクト」

（出所）内閣官房・内閣府総合サイト
　　　　「地方創生」平成30年度版地方創生関係交付金の活用事例集より筆者抜粋

受けて実施された「地域ブランディング」施策の一例が**図表9-1**である。

「地域ブランディング」で多く見られるのは，地域の特産品を発展させ，全国に売り込む施策である。特産品ブランド化にとどまらず，福岡県八女市のように雇用を創出する取り組みもある。観光資源を刷新するツーリズム施策も多い。

「地域ブランディング」を進める手段として，ブームのように全国各地に広がったのが，「シティプロモーション」である。

1.3 | 「シティプロモーション」とは何か

「シティプロモーション」とは，この領域の第一人者である河井孝仁東海大学教授の定義によると，**「地域を持続的に発展させるために，地域の魅力を地域内外に効果的に訴求し，それにより人材・物財・資金・情報などの資源を地域内部で活用可能としていくこと」**である。

つまり大きくは**「地方創生」**を目的としているのが「シティプロモーション」である。その形態は多岐にわたるが，本来あるべき姿はどういうものか，次項で探っていく。

1.3.1 | 手法も目的も，自治体によって多種多様

ブームのように広がった「シティプロモーション」は，目的も形態も様々である。目的としては，国内外の観光客誘致・移住人口獲得・ご当地キャラクターのメジャー化・農産物PRなどであり，形態では，イベント開催や広告宣伝活動，Web動画発信が多い。「シティプロモーション」と名乗れば，成立する側面もある。

プロモーション（Promotion）は直訳すると「販売促進」である。したがって，何らかの経済的利益を得ない「とりあえずイベント」は，直訳に紐づかない。そこで，移住人口獲得や地元名産品売上増を目的として，利益を得ようという強い意志を持った自治体は，その取り組みを「シティセールス」と呼称し，「シティプロモーション」とは一線を画そうとしている。

ブームに乗っただけの「とりあえずシティプロモーション」も多く，人口増や観光客誘致など何らかの成果を得たとは言い難い事例も存在する中で，全国の自治体から垂涎の結果を得たシティプロモーションもある。次に紹介する北海道上川郡東川町の事例である。

1.3.2│北海道上川郡東川町は，なぜ人口増を果たしたのか

　北海道東川町を大きくしたシティプロモーションとは「写真の町」の取り組みである。東川町は，人口8,000人余りの小さな町ながら，2015年国勢調査の結果，道内２番目の人口増加率を記録した。東川町の人口は，1950年の１万754人をピークに減少の一途を辿り，1993年には，6,973人となった。その後，増減を繰り返しながら，2014年11月４日には目標人口の8,000人に到達している。

　ここ数年の順調な人口増が注目され，自治体視察の申込みも多い。しかし，8,000人到達以降は，この人口を維持する方針だという。東川町にとって8,000人という人口が適度な空間を得られるためで，この状態を**過疎でもなく，過密でもない「適疎」という造語**を用いて，方針を明確にしている。

　とはいえ，東川町の人口は8,000人台の中で，順調にその数字を伸ばしている。では，東川町を大きくしたシティプロモーション「写真の町」とは，どういったものか。

　東川町は，北海道の最高峰「旭岳」をはじめとする観光資源に恵まれながらも，観光客の減少が課題となっていた。「後世に残し得る町づくり」も模索する中，「東川町には写真の被写体となる美しい景観がたくさんあるから，写真文化を地域振興の核に」というアイデアが生まれ，1985年の「写真の町宣言」に至ったという。

　「写真の町」を生み出したプロセスで大切なのは，いきなりアイデアを考えようとするのではなく，まずは**町の魅力と資産を棚卸ししたこと**である。その結果，「美しい景観が沢山ある」という気づきがあり，シティプロモーションの核となるアイデアが生まれた。

　皆さんも「いきなりアイデアから考えて」煮詰まることがあると思う。そ

んな時は，魅力や他の自治体にはない特徴を棚卸しした東川町のプロセスを思い出してほしい。

◆「写真甲子園」に町の力が結集する

「写真の町事業」の代表格の一つが「写真甲子園」である。正式名称は「全国高等学校写真選手権大会」で1994年から始まった。その名が示すとおり，全国から予選を勝ち抜いた高校写真部（サークル）が，３人１チームで組写真を作成，発表するという形式で，写真による表現力や技術力などを競う大会である。単に競わせるのではなく，高校生らしい創造性や感受性の育成という目的のもと，新たな活動の場や目標，出会い・交流の機会を提供している。

コロナ禍以前は，毎年予選を勝ち抜いた高校生写真部員が東川町に約１週間滞在し，与えられたテーマと撮影ステージを舞台に写真の出来栄えを競う本戦大会が行われていた。町民を始め，様々なボランティアが関わり高校生のサポートをする町総出のイベントである。

しかし，2021年度はコロナ禍により，初のオンライン開催となった。それでも全国から479校もの応募が集まった，写真に取り組む高校生を鼓舞する人気の大会である（**図表9-2**）。

写真文化によるまちづくりや様々なイベント・事業により，「写真の町」の取り組みは継続されている。一つのコンセプトを継続したことは，東川町を大きくした最大要因と考えられる。実は，「写真の町事業」には，延べ数

図表9-2　写真甲子園のタイトルデザインと審査風景(中央)高校生撮影風景(右)

（出所）写真甲子園実行委員会

億円の費用がかかっているが，町費負担分のほか関係企業・団体からの協賛，協力をはじめ国の補助金・交付金やふるさと納税等の活用により運営が賄われている。テレビ番組・新聞の取り上げ，ネット拡散の広告効果を鑑みると，費用対効果を得たシティプロモーションといえよう。

1.3.3 | 費用対効果の有無をどう考えるか

◆コロナ禍により一層問われる税金投下の費用対効果

「シティプロモーション」が自治体PRの中心となっている状況において，問われるべきは効果の有無といえよう。なぜなら，「シティプロモーション」の主な財源は，住民が納める税金だからである。

残念ながら「シティプロモーション」には，住民が興味を示さないもの，シティプロモーションを知らしめる広告に関しては，一般企業の個性的な表現に埋もれて目立たない広告も目につく。これらはなにがしかの効果を上げたのだろうか。

2020年，突如として日本を襲ったコロナ禍対策に，多額の税金をつぎ込むことになった。「シティプロモーション」はより一層の成果が求められるはずだ。

では，成果を上げる「シティプロモーション」をつくるためには，どうすればよいのか。そこで皆さんに注目してほしいのが，**シティプロモーションの認知度を高め，成果につなげる「自治体キャッチコピー」**の存在である。

2 | 「自治体キャッチコピー」が生み出す成果

2.1 | 「シティプロモーション型」と「シビックプライド型」

私たちは，テレビCMやネット広告で様々な商品の「キャッチコピー」に触れている。そして目にする機会は少ないものの，実は自らをPRする「自

治体キャッチコピー」を有している都道府県・地方自治体がある。

　本節では，何らかの成果を上げたシティプロモーションにおける「自治体キャッチコピー」の事例を取り上げる。**成果を上げている「シティプロモーション」には，印象に残るキャッチコピーの存在が大きい。**さらには，**多額の税金を投入しなくても，キャッチコピーの旗振りにより成果を上げた事例**もある。第2節では，そんなコストパフォーマンスのよい事例を検証していく。

◆居住地への誇りを醸成するか，施策の方向性を伝えるか

　「自治体キャッチコピー」には，「シティプロモーション型」と「シビックプライド型」が存在する。**「シティプロモーション型」の場合，プロモーションのテーマに紐づくコピー，あるいは施策を直接的に表現したコピー**もある。**「シビックプライド型」には，都市に対する市民の誇りを喚起し，広く伝えようという姿勢**が見られる（図表9-3）。

　「シビックプライド型」には，居住地への誇りを市民の内面に醸成することが，地方創生や地域ブランドを生み出すことにつながる，という考え方が背景にある。もちろんシビックプライドの醸成は，キャッチコピーだけが負うわけではない。都市の景観・暮らしやすさ・観光地の有無など，様々な要素が複合的に合わさり，生まれるものである。

　「シティプロモーション型」も同様で，その成果はキャッチコピーのみに起因するものではない。しかし，大分県のコピー「日本一のおんせん県おおいた」のように，概念的ではない県の方向性を示すコンセプトとなるコピーは，ブレと無駄のない施策につながっていくといえる。

2.2 ┃ 機能する「自治体キャッチコピー」の事例

　優れたキャッチコピーが地方創生の施策において，強いエンジンとなり大きな役割を果たした事例が存在する。そこで本節では，「シティプロモーション型」と「シビックプライド型」，それぞれにおける「自治体キャッチ

図表9-3　「自治体キャッチコピー」の一例

シビックプライド型	シティプロモーション型
【北海道】その先の、道へ。北海道	【群馬県】心にググっと群馬県
【岩手県】黄金の國、いわて。	【三重県】つづきは三重で
【福島県】ひとつ、ひとつ、実現するふくしま	【岡山県】ようこそ晴れの国おかやまへ
【岐阜県】清流の国　ぎふ	【山口県】おいでませ山口へ
【静岡県】ふじのくに　静岡県	【大分県】日本一のおんせん県おおいた
【香川県】かがやくけん、かがわけん。	【長崎県】深呼吸、しよう、長崎で。

（出所）対象の道・県HPより筆者抜粋・作成（2022年2月1日現在のコピー）

コピー」の事例を紹介する。どの事例も，人口増や観光客増の成果を上げている素晴らしい事例である。

2.2.1 「シティプロモーション型」の例：大阪府大東市「子育てするなら、大都市よりも大東市。」

◆キャッチコピーと連動した施策により，転入超過を果たした

　大阪府大東市は，面積18.27平方キロメートル（府内30番目），人口は約12万人（府内16番目：平成27年国勢調査）のコンパクトな市だが，大阪市のベッドタウンである。JRの4駅からアクセスでき，大阪都心から電車で約10分という立地ながら，広大な緑地公園や自然を有し，都会と田舎が共存する。

　都心に近く自然も豊か，理想的なベッドタウンでありながら，全国的な人口減と同様，特に子育て世代を中心とした若年層の流出が加速していた。

　そんな大東市が市制施行60周年を迎える前年の2015年に，PR活動を展開する一環としてキャッチコピー（ブランドメッセージ）とブランドロゴを立ち上げた。起死回生を図り生み出したブランドメッセージは，「子育てするなら、大都市よりも大東市。」ダジャレ好きの関西人でなくとも，記憶に残るキャッチコピーだ。広告会社に委託したプロの手によるコピーだという。ロゴマークと一体化させたコピーは，HPでも目立つ場所に配置されている（図表9-4）。

図表9-4 「子育てするなら、大都市よりも大東市。」
　　　　シンボルマークとホームページTOP

■シンボルマーク　　　　　　　　■HPトップページ

（出所）大東市HP

このブランドコピーのもとで，大東市は以下の施策を行った。

①　子育てしやすい「住宅」の確保……駅前の公営住宅を建て替え，子育て世代の優先住居枠を設け，共働きの子育て世代への魅力付け＝「駅前子育て」を可能にした。

②　「保育所」の増設と充実……送迎ステーションや，病児保育，一時預かり等の機能を持った「多機能型保育所」を設置した。

③　職住近接を可能にした「しごと」の確保……コンパクトなまちに，ものづくり産業が集積している強みを活かした職住近接の実現，創業支援・雇用対策に取り組んだ。

「子育てするなら、大都市よりも大東市。」というブランドメッセージと，そこに紐づく子育て施策により，2018年度には，転入超過を見事に実現させている（図表9-5）。

大東市のキャッチコピーが果たした役割は2方向あると考えられる。1点目は，キャッチコピーそのものが子育て世代の興味を惹いたこと。2点目は，キャッチコピーにより，自治体の方針を職員に明確に示せたこと。その結果，

2018年	2019年	2018年と比べると
転入4,273	転入4,649	376人転入増↗
転出4,972	転出4,748	224人転出減↘

（出所）大東市秘書広報課への取材により筆者作成

ぶれることなく，子育て世代のニーズに応えた施策を立ち上げ，実行することができた。

　さらに，この取り組みと結果は，全国区のテレビ番組やインターネットでも大きく取り上げられた。**自治体キャッチコピーは自治体内部でとどまらず，広く世の中に拡散するパワーを持つこと**。それは単なる言葉遊びではない。**生活者の心に触れ，琴線に触れる要素を内包すること**である。この条件をクリアした大東市のキャッチコピーは，転入超過に転じた大きなエンジンになったはずである。

2.2.2 「シティプロモーション型」の例：奈良市観光協会「日帰りなんてマジカ」

◆ポスター掲出以降に観光客が増えたのは，たまたまなのか？

　「シティプロモーション型」のコピーとして話題を呼んだ事例が，インターネットやテレビ番組の取り上げにより，広く世の中に拡散した奈良市観光協会のポスターである。奈良の大切な観光資源である鹿の行列の手前に，路面の文字「トマレ」をもじった「泊まれ」のメッセージ。さらに「日帰りなんてマジカ」というオチとも呼べるキャッチコピーで締められている（図表9-6）。

　奈良市観光協会の悩みは，観光客が宿泊せず，日帰りで帰ってしまうことだった。鹿とかけたダジャレとはいえ，伝えたいことが記憶に残るキャッチコピーである。ポスターは2016年度末に制作・掲出された。しかし，費用のかかる掲載媒体で大々的にキャンペーンを打ったわけではない。奈良市観光協会が旅行会社・修学旅行の学校・駅に送付し，掲出されたという。しかし，掲出後の観光客数は爆発的ではないにしろ右肩上がりである。（図表9-7）

図表9-6　奈良市観光PRポスター

（提供）公益社団法人奈良市観光協会

図表9-7　奈良市観光客推移とポスター掲出時期

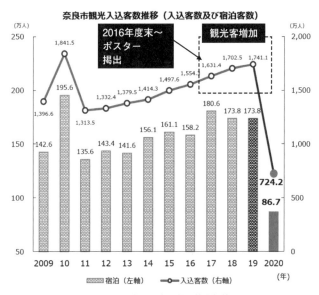

（出所）奈良市観光入込客数調査報告書を基に筆者加筆

この時期の関西はインバウンドにより，多くの観光客を集めた。世界が憧れる京都，買い物好きの外国人を集めたのが大阪であるが，このライバルとも呼び難いほど強力な都市と隣接しながら，奈良市は観光客数を増やしたのだ。これは，たまたまインバウンドによる関西の観光バブルと重なっただけだろうか。

◆キャッチコピーがひとり歩きして，話題が拡散した

観光客が増え，観光消費額もポスター掲出の翌年から増加している（**図表9-8**）。

ポスター掲出スタートの2017年は1128億6000万円と，前年から約93億円の伸びである。

さらに2019年には，大阪メトロの駅で掲出されたポスターがTwitterにアップされ，反響を呼び話題が拡散した。全国区のテレビ番組をはじめとする様々な媒体で取り上げられたという（**図表9-9**）。

メディアで広く取り上げられるとともに，ポスターの送付依頼も増え，「JR時刻表」の裏表紙や，ポスターばかりを集めた本，大学の教材にまで掲載された。

この拡散規模を費用換算でイメージすると，もはや立派な広告キャンペーンであり，このポスターが観光客増の一端に貢献したと考えられる。奈良市観光協会の事例は，単発的ではあるものの，地方創生の成果を上げた。同時に**多額の費用をかけずとも，よく練られたキャッチコピーがひとり歩きして，多くの媒体で取り上げられることが可能であること**。結果，経済効果を生み出せるという好事例を，奈良市観光協会が示してくれた。

図表9-8　奈良市内の観光消費額

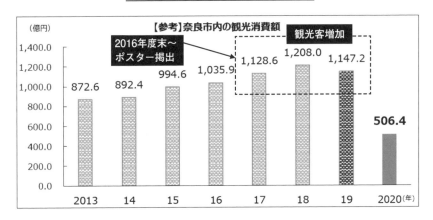

（出所）奈良市観光入込客数調査報告書を基に筆者加筆

図表9-9　「#日帰りなんてマジカ　#奈良」取り上げ媒体

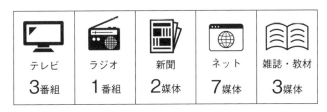

（出所）公益社団法人奈良市観光協会提供データを基に筆者作成

2.2.3 「シビックプライド型」の例：写真文化首都　北海道「写真の町」東川町

◆住む人の誇りを導き，移住検討者の興味を惹くキャッチコピー

　「シビックプライド型」コピーとして，第1節で紹介した「写真の町」の取り組みを行っている東川町のキャッチコピーを挙げる。「写真文化首都」，このキャッチコピーは，東川町のWebサイトのトップページに表れる。町が有する北海道の最高峰・標高2291mの旭岳を表現したロゴマークとセットになったデザインは自治体にありがちな固さがなく印象的だ（図表9-10）。

　広告会社コピーライターの立場から，筆者がこのコピーの優れた点を論評

（出所）東川町HP

すると，大きく2点が挙げられる。1点目は，北海道の小さな町が「首都」と名乗っていること。東京のある町が首都と名乗っても，それは当たり前で新しさは感じない。北海道のある町が「首都」と名乗る。この意外な組み合わせにより人々の記憶に残りやすくなるのだ。

2点目は，住む人の「誇りの質」が生み出されること。「首都」と名乗ることで，写真文化というカテゴリーの先駆者であると伝わる。「文化」という言葉も，町の知性がにじみ出る表現で，誇りをかきたてる。東川町は道内のみならず，他府県からの移住者も多く受け入れている。移住の検討にあたって，Webサイトからの情報入手は欠かせない動線だが，「写真文化首都」というキャッチコピーは，他の移住候補地との差別化につながっている。

実は，「自治体キャッチコピー」には単なる言葉遊びと思われる例も多い。しかし，「写真文化首都」は，地方創生におけるコンセプトと戦略を明文化した他の自治体にはない珠玉のコピーである。**「自治体キャッチコピー」は，イケてる表現を目指してはいけない。優れた戦略があってこそ，成果につながるコピーが生まれることを認識してほしい。**

2.3 | 志と戦略のあるシティプロモーションに向けて

地方創生の成果に導いた「自治体キャッチコピー」には，共通の特徴があった。それは**思いつきや言葉遊びではなく，自治体の戦略と凛とした志が**

反映されている，ということ。逆に言えば，キャッチコピーが存在しないシティプロモーションは，コンセプトが不明瞭で戦略がない，とも言える。キャッチコピーは「地方創生」の羅針盤になり得るのである。

「わが自治体の個性を打ち出し，差別化を図って生き残る‼」そんな思いのもと，戦略を立てた結果として生まれたキャッチコピーは注目を集め，テレビやインターネットで拡散した。これは「広告効果○○円」と金額換算されることもある立派な成果である。

奈良県観光協会のように多額の費用なしで，話題を呼んだ事例もある。**皆さんも独自の戦略と志のもと，「キャッチコピーで地方を動かす」挑戦を**してほしい。

COLUMN 9-1

芸能人による「地方創生」とは？
——北海道出身TEAM NACSの場合——

「○○県ふるさと大使です」とテレビのバラエティ番組で，自己紹介する芸能人を見かける。名刺まで作る人もいるが，「地方創生」にどれほど寄与しているだろうか。

存在も活動も「地方創生」につながっている，と筆者が思うのは，劇団TEAM NACSである。TEAM NACSは北海学園大学・演劇研究会出身の森崎博之さん・安田顕さん・戸次重幸さん・大泉洋さん・音尾琢真さんの5人組で，2021年に結成25周年を迎えた。彼らは北海道でコツコツと公演を重ね，人気を集めた。2004年には東京に進出，「日本で一番チケットが取りにくい劇団」に成長した。今やメンバー全員が個人で全国区のドラマ・映画に出演する実力派俳優陣である。しかし今も月1回，北海道のレギュラー番組で全員が揃い，地元のファンを喜ばせている。25年の間に北海道では17公演が行われた。公演に紐づく地域への経済効果も想像できる。

2004年にはリーダー・森崎博之さんが，北海道上川郡東川町の「ひがしかわ観光大使」に任命された。森崎さんは北海道に根をおろし，俳優・タレント活動や講演などでも活躍する。特に北海道の農業を後押しする多彩な活動には，並々ならぬ情熱を感じる。森崎さんの祖父・七喜さんは北海道の最高峰・旭岳を指し「あれが北海道のてっぺんだ」と教えたというが，森崎さんは北海道の農・産業をてっぺんに導こうとしている。このような芸能人発の熱い「地方創生」がさらに広まっていくことを願う。

ひがしかわ観光大使第1号

森崎さんから皆さんへのメッセージ

この度は名誉ある大役をいただき、身の引き締まる思いに堪えています。

この町を愛して農業に打ち込み、7年前に他界した七喜じーちゃんも天国で感謝してくれていることと思います。しかし、正直申しまして観光大使と言っても、非力な僕には大きな事は出来ません。何をして良いのかもわかりません。ですが今まで通り、また今後いっそう、自分なりに無理なく町の溢れる魅力を全道に伝えていきます。

最近では墓参りをするためくらいしか帰れませんが、機会がありましたら町の皆様に挨拶させていただきたく思います。

森崎　博之さん
ひがしかわ観光大使

18歳まで東川町で過ごす。学生時代にはじめた演劇への想いにこだわり1996年札幌に劇団「TEAM－NACS」を旗揚げ。リーダーとして道内一の集客力を誇る人気劇団に育てる。他テレビ・ラジオ等多数出演。32歳。クリエイティブオフィスCUE所属

information

ひがしかわ観光大使を任命しました

「ひがしかわ観光大使」は、本町の魅力を全国的にPRするとともに、先進的な情報や提言を得ることを目的に、東川町出身者やゆかりのある方を観光大使として任命するものです。

既に新聞等の報道でも話題となりましたが、演劇俳優でタレントの森崎博之さんを、ひがしかわ観光大使に任命いたしました。森崎博之さんは、本町の出身で、

現在は自ら劇団を主宰するほか、テレビ、ラジオなど多方面でご活躍されています。出演する番組で故郷である東川町について語るなど、町への思い入れも非常に強い方です。

今後森崎さんには観光大使として、活動の許される範囲内で東川町のPR等をお願いします。
（産業振興課観光係）

考えるヒント

■ 出身地の経済発展・人口増につながる施策を考えてみよう。

■ 自治体キャッチコピーの事例を探し，その効果を探ってみよう。

第10章

SDGsの概要

S D G s の 本 質 を 学 ぶ

- SDGsとは「Sustainable Development Goals（持続可能な開発目標）」の略称である。

- SDGsは2016年〜2030年までに解決する17の目標（ゴール）と169のターゲットが設定されている。

- SDGsは，環境問題や社会問題を解決し，人類が幸せになるための世界共通目標であり，「誰一人取り残さない」という共通理念がある。

- SDGsは，MDGs（ミレミアム開発目標：2001年〜2015年）を，より良く発展させ，対象を途上国のみではなく，先進国を含めたすべての国を対象に，豊かさを追求しながら，すべての関係者（国・自治体・法人・個人）がパートナーシップを発揮して，目標を達成していくことを意図している。

- SDGsは，未来志向で設計されており，将来の世代のニーズを満たす能力を損なうことなく，現在の世代のニーズを満たすようなより良い社会の目標を意味している。

- 「持続可能な開発」のためには，一人ひとりが，SDGsを認識し，行動変容することが必要とされている。そのための教育が，「持続可能な開発のための教育」（Education for Sustainable Development：ESD）と呼ばれ，生涯教育を含め，学び続ける環境の提供を通じて教育の持続可能性を高める必要がある。

1 | SDGsとは

SDGsとは, 「Sustainable Development Goals (持続可能な開発目標)」の略称であり, 2030年までに世界の社会課題を解決する17の目標 (ゴール) と169のターゲットが設定されている (図表10-1)。

図表10-1　SDGs (持続可能な開発目標) とは

(出所) 国際連合広報センター

2 | SDGsの現在・過去・未来と企業の取り組み

　SDGsは, MDGs (ミレニアム開発目標: 2001年～2015年) の後継として2015年に発効され, 2030年のより良い社会の目標が示されている。MDGsは, 発展途上国を対象としてきたが, SDGsは項目を増やし, より内容を充実さ

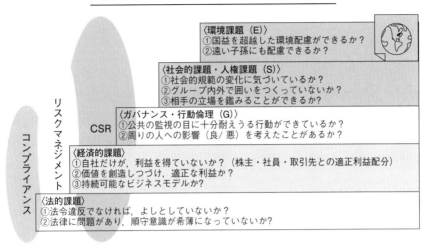

図表10-2　CSRの要素とESG課題の発展段階

〈環境課題（E）〉
①国益を超越した環境配慮ができるか？
②遠い子孫にも配慮できるか？

〈社会的課題・人権課題（S）〉
①社会的規範の変化に気づいているか？
②グループ内外で囲いをつくっていないか？
③相手の立場を鑑みることができるか？

〈ガバナンス・行動倫理（G）〉
①公共の監視の目に十分耐えうる行動ができているか？
②周りの人への影響（良/悪）を考えたことがあるか？

〈経済的課題〉
①自社だけが，利益を得ていないか？（株主・社員・取引先との適正利益配分）
②価値を創造しつづけ，適正な利益か？
③持続可能なビジネスモデルか？

〈法的課題〉
①法令違反でなければ，よしとしていないか？
②法律に問題があり，順守意識が希薄になっていないか？

リスクマネジメント

CSR

コンプライアンス

（出所）筆者作成

せ，発展途上国のみではなく，先進国を含めたすべての国を対象に，「豊かさ」を追求しながら，すべての関係者（国・自治体・法人・個人）を対象に，17の目標と169のターゲットから構成されている。毎年進捗報告がされ，2030年以降のポストSDGsも議論されている。

　SDGsは，2015年に提唱されたが，企業に浸透するまでには時間がかかった。今は，中小企業にもある程度普及し，SDGsは大衆化してきているが，過去を振り返ると，2000年頃から，**企業は社会的責任として，コンプライアンス⇒リスクマネジメント⇒CSRと段階を踏んで，社会課題に取り組んできた**（図表10-2）。

2.1 ｜ CSRからCSVへ

　日本企業において2003年は，CSR（Corporate Social Responsibility：企業の社会的責任）元年といわれている。多くの大企業がCSR部門を立ち上げて，CSR活動を推進してきた。

図表10-3　CSRとCSVの位置付け

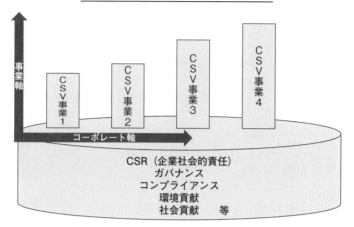

（出所）筆者作成

　2012年6月にマイケル・ポーターが，「Creating Shared Value」を発表後，CSRからCSVへの流れができた。

　CSV（共有価値創造）は，事業を通じて，利益獲得と社会貢献の同時達成を目指すものであり，持続的成長の鍵となっている。

　CSRは，コーポレート軸として，コンプライアンス，リスクマネジメント，環境貢献，社会貢献，ガバナンス等があり，事業を支える経営基盤として位置付けされている。その経営基盤の上に事業軸としてCSV事業がいくつか実施され，社会事業を収益ドライバーとして育てていくことで，CSRとCSVの双方が重要であることを意味している（**図表10-3**）。

2.2 │ CSVからSDGsへ

　SDGsは世界が抱える社会課題を解決するための目標（ゴール）とターゲットが示されているので，達成していく上では，企業がCSRやCSVで実施してきたアプローチを活用していくことは，重要である。国連によれば，**「企業はまず責任を持って自らのビジネスを行い，その上でビジネスにおけ**

図表10-4　SDGsの目標（ゴール）とターゲットのキーワード

 あらゆる場所で，あらゆる形態の貧困に終止符を打つ

 国内および国家間の不平等を是正する

 飢餓に終止符を打ち，食糧の安定確保と栄養状態の改善を達成するとともに，持続可能な農業を推進する

 包摂的で安全，強靭（レジリエント）で持続可能な都市及び人間居住を実現する

 あらゆる年齢のすべての人々の健康的な生活を確保し，福祉を推進する

 持続可能な生産消費のパターンを確保する

 すべての人々に包摂的かつ公平で質の高い教育を提供し，生涯学習の機会を促進する

 気候変動とその影響を軽減するため，緊急対策を取る

 性の平等を達成し，すべての女性と女児の権利保護，意識啓発等を図る

 海洋と海洋資源を持続可能な開発に向けて保全し，持続可能な形で利用する

 すべての人々に水と衛生へのアクセスと持続可能な管理を確保する

 陸上生態系の保護，回復および持続可能な利用の推進，森林の持続可能な管理，砂漠化への対処，土地劣化の阻止・回復，ならびに生物多様性損失の阻止を図る

 すべての人々に手ごろで信頼でき，持続可能かつ近代的なエネルギーへのアクセスを確保する

 持続可能な開発のための平和で包摂的な社会を推進し，すべての人々に司法へのアクセスを提供するとともに，あらゆるレベルにおいて効果的で説明責任ある包摂的な制度を構築する

 包摂的かつ持続可能な経済成長，すべての人の生産的な雇用および働きがいのある人間らしい仕事（ディーセントワーク）の実現を促進する

 持続可能な開発に向けて実施手段を強化し，国際的なパートナーシップを活性化する

 強靭なインフラを整備し，包摂的で持続可能な産業化を推進するとともに，技術革新の拡大を図る

（出所）国際連合広報センターを基に筆者作成

るイノベーションとコラボレーションを通じて，社会的課題を解決する機会を追求すること」が重要だとされている。企業が，持続的な成長を果たすためには，CSRとしての守りも重要あるが，CSVとして社会問題を解決する事業を発展させていくなどの攻めも同時に重要といえる。

　SDGsの達成には，政府や企業，NPO・NGOなど様々なセクターとの協働が欠かせないため，17番目のパートナーシップが全体に関連する重要事項になっている。

　図表10-4の下線で示した環境・社会課題のキーワードは，優先順位が高いターゲットであると同時に，市場が大きいため，持続的なビジネスモデルを構築していく必要がある項目である。

2.3 | SDGsの未来

　簡潔に現在・過去・未来を整理すると図表10-5のように位置付けられる。
　近年の状況下においては，国家間紛争やコロナ等不安定な状況が続く中で，2050年の明るい未来を創造する上で，すべての目標が欠かせない。特にシンギュラリティは，技術的特異点（Technological Singularity）を意味し，人間の知能を超えたロボットが人間との公正・公平な役割分担やパートナーシップが実現できるか？という視点も大切であり，AI活用ガバナンスを事前設計しておく必要がある。MDGsからSDGsを経て，将来に受け継がれていく一番重要な課題は，「パートナーシップ」ともいえる。

MDGsの項目をSDGsの項目に変換済み

（出所）著者作成

COLUMN10-1

SDGs伝導師　ノア

VTuberのノアは，SDGs伝導師として2020年にデビューした。

【ノアのプロフィール】

誕生日：12月14日

年　齢：15歳（いつまでも15歳）

卒業校：SDGsアカデミア（※この学校はフィクションです）

性　格：天真爛漫

趣　味：お散歩

ノアは，2015年に国連で採択された「持続可能な開発目標（SDGs）」を子どもの立場から同じ子どもや大人の方たちに一人でも多く知ってもらえるよう動画配信を中心に活動をしている。

環境・人・生き物（動物・植物）など，地球上の様々な課題に「誰ひとり取り残さず」取り組み，未来に生まれてくる子どもたちが安心して過ごすことができる地球になるように「自分ごとのSDGs」が浸透するような情報発信を行っている。例えば，『SDGs

(出所) サカイホールディングスHP

『エバンジェリスト検定』の告知や『SDGs AICHI EXPO 2021』広報大使に就任するなど
の活動である。

　　https://youtu.be/HUdP46cow8I

　各企業は，SDGs教育を毎年実施し，SDGsエバンジェリスト（伝導師）を認定し，
SDGsを自分ごと化することが社内浸透のコツである。

3 ｜ SDGs経営とは

　SDGs経営とは，SDGsの169のターゲットの内容をしっかり理解し，経営
に取り込むことだが，実態は単なる目標（ゴール）と自社の取り組みとの紐
付けのみが公開されている事例が多い。経営として，環境・社会課題に本質
的に取り組んでいるかは，①トップの考え方，②マネジメントシステム構築
と開示，③第三者評価の視点から，考えていく必要がある。

3.1 ｜ SDGs経営を本格化するには

　SDGs経営は，単に，SDGsの目標（ゴール）やターゲットを関連付けて，
開示することではない。まずは，未来視点で未来社会に貢献できる事業を創
出し，進化し続ける会社がSDGs経営の基礎である。

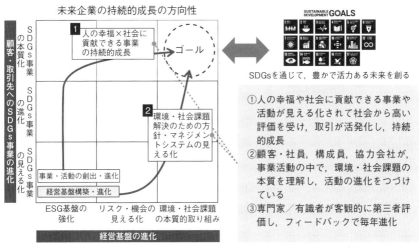

図表10-6　未来を幸せにするSDGs経営の進化

未来企業の持続的成長の方向性

①人の幸福や社会に貢献できる事業や活動が見える化されて社会から高い評価を受け，取引が活発化し，持続的成長
②顧客・社員，構成員，協力会社が，事業活動の中で，環境・社会課題の本質を理解し，活動の進化をつづけている
③専門家／有識者が客観的に第三者評価し，フィードバックで毎年進化

SDGsを通じて，豊かで活力ある未来を創る

(出所)　筆者作成

　SDGsのゴールと自社のゴールの格差を明確にしながら，事業や活動を通じて，関係者全員を誰一人取り残すことなく，そのプロセスでも幸せを供給し続け，改善していくことが望まれている（図表10-6）。

　その結果として，自社自身が，豊かで活力ある未来を創るのみでなく，バリューチェーン全体が，エコシステム化した社会を目指すことが期待されている。

3.2 │ SDGs経営の進め方

　SDGs経営は，図表10-7に示す4つのステップで進めることが重要である。

　SDGsは世界の共通目標のため，自社が独自に貢献できる内容に整理していく必要がある。

　第一段階として，SDGsの深い理解が必要である。特に，日本版のSociaty5.0やISOなど，親和性の高い項目を一つひとつ吟味し，2030年，2050年の自社のありたい姿を明確にすることが最初のステップである。この

時，若手メンバーにも参画させ，未来に受け継ぐべき内容（承継項目）を明確にすることで，独自性ある会社の未来の姿が明確になると同時に，今後の社員の行動目標やDNAとして，共通理解のもと社内浸透する効果がある。

第二段階として，ステークホルダーの期待や関心ごとの重要性と自社のビジネスの重要性の観点から重要度（マテリアリティ）分析を実施し，優先課題を特定する。この重点課題に対し，長期的な未来計画を策定する。

第三段階として，経営者が積極的に関与するとともに，SDGs宣言を公開し，PDCAが回る仕組みを創ることが重要である。この未来宣言もSDGs経営にとって重要である。

第四段階として，利害関係者とのエンゲージメントが重要である。毎年，策定した未来計画への達成度評価や，反省など真摯に報告し，改善をしていく姿勢が求められる。

図表10-7　SDGs経営の進め方

①	SDGｓを深く理解し，ありたい姿の共通理解	■グローバルな社会課題やESG/SDGｓのトレンドから，環境・社会課題を認識 ・ESG/SDGs，Society5.0，ISO等と自社との関係性を認識し，ありたい姿の共通理解
②	優先課題（マテリアリティ）を決定	■環境・社会課題を，ステークホルダー及び自社事業との関係性を考えて抽出・分析 ・SDGｓのターゲットと自社の事業・活動との関連づけを行い，取り組むべき重点課題を特定し，優先順位，施策を明確にした未来計画を策定する
③	マネジメントシステム構築	■経営者がSDGｓ宣言し，KPIを設定し，PDCAを回す ・経営者が自社らしい独自目標を宣言し，PDCAを回す仕組みを構築する
④	エンゲージメント	■経営者自らコミットし，積極的に，情報開示する ・社内外へ開示し，毎年進捗報告を開示する

（出所）筆者作成

3.2.1 | 重要度（マテリアリティ）分析の進め方

SDGs経営を進める上で，**最初の重要なステップは，重要度（マテリアリティ）分析**である（図表10-8）。

現在の活動のみでなく，未来視点で企業が成長していくために，重要な課題を優先順位付けすることが目的である。SDGsのほかにも，ISO 26000 や FTSE Russell，DJSI（Dow Jones Sustainability Index）など代表的なESG評価機関の評価項目や各種アンケートも参照し，外部環境として，利害関係者から業界や企業にどのような「社会的ニーズ」があるかを整理し，重要度（マテリアリティ）を評価する必要がある。また，自社のプレス発表や，中期経営計画・経営会議議事録等を参照し，内部環境分析を実施し，自社特有の課題を第三者視点でしっかり整理することも重要である。この外部・内部環境分析の結果を，**①ビジネスにとっての重要性と②ステークホルダーにとっての重要性の２軸でマッピング**し，若い世代も含めて議論し，会社全体で共有するとともに，外部開示することも，ESG評価機関が求めている内容

図表10-8　重要度（マテリアリティ）分析の進め方

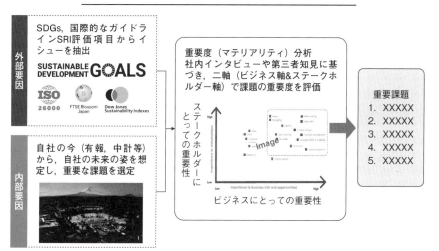

上記事例：「ウーブン・シティ」の全景（出典：トヨタ自動車）

（出所）筆者作成

である。

3.2.2 | 経営課題の特定と経営計画への織り込み

　重要度（マテリアリティ）分析が完了したら，次のステップとして，経営における重要課題の優先順位づけと経営計画への織り込みを実施する。

　例えば，**図表10-9**に示すように，「未来宣言・計画書」を作成し，PDCAを回すことが重要である。毎年，この計画の見直しを実施することが，未来世代への橋渡しにつながる成果が得られている。

　また，未来宣言・計画書は，進捗報告をホームページに開示するとともに，特に，SDGs専門部署が置かれていない中堅・中小企業の場合には，SDGs教育を毎年実施し，SDGsエバンジェリスト（伝導師）を育成していくことが望ましい。

　SDGsエバンジェリスト（伝導師）は，SDGsに精通した専門的な人材であると同時に，自社の「未来の姿」をわかりやすく社内外に伝えていく役割を担う人材である。第11章で紹介するユーグレナの事例を参考に，未来経営責任者であるCFO（Chief Future Officer）の候補としてSDGsエバンジェリスト（伝道師）を任命したい。

3.2.3 | 適切な開示に向けて

　企業は，毎年ステークホルダーに対し適切な開示が求められる。

　機関投資家視点では，投資・リターンが明確になることが期待され，以下の3点が重要視される。

① 『過去』より『将来』

② 『非財務情報』から『財務情報』へのつながりが見えること

③ **イノベーション推進及び人材投資・キャリア採用が生み出すドメインと将来価値**

　企業は，今まで，決算短信や有価証券報告書などで過去の情報を年次報告として，開示することが義務付けられ，実施してきたが，ESG投資家や個人投資家は，将来の持続的な価値向上または未来の成長に大きな関心がある。

図表10-9　SDGs未来宣言・計画書のサンプル事例

SDGs未来宣言・計画書						
未来像	健康増進事業で人々の健康寿命を延ばす【事業】 サプライチェーン全体の人の健康と環境への悪影響の最小化への取り組み【活動】					
区分	優先順位	マーク	目標番号	活動テーマ・事業内容	KPI（目標・目標値）	達成期限
事業	1	3 すべての人に健康と福祉を	3.3　2030年までに伝染病を根絶する	・免疫力を高め，感染を予防する「健康増進プログラム」の開発・販売	①健康リスクの特定と予防のための推進プログラム開発 ②大学との共同開発推進 ③IT企業と連携して販売	2022年
事業	2	4 質の高い教育をみんなに	4.4　2030年までに，技術的・職業的スキルなど，雇用，働きがいのある人間らしい仕事及び起業に必要な技能を備えた若者と成人の割合を大幅に増加させる。	・WEB配信教育を通じて，人間らしく働き甲斐を感じる教育を実施する ・社会起業家を育成する	①健康増進＆教育プログラム販売件数1000件／月 ②社会起業家を3名／年	2025年
活動	1	12 つくる責任つかう責任	12.4　人の健康や環境への悪影響を最小化するため，化学物質や廃棄物の大気，水，土壌への放出を大幅に削減する。	・健康と環境への悪影響を最小化する取り組み ①健康状態のモニタリング機器の導入による健康経営の推進 ②製品ライフサイクルを通じたサーキュラーエコノミーの推進	①IoT機器を導入し，体調管理や健康悪化の予兆改善サービスの利用 モニタリングによる早期発見・改善事例の推進 ②製品寿命を考慮した3Rシステムの活用	2025年
活動	2	4 質の高い教育をみんなに 8 働きがいも経済成長も	8.8：すべての労働者の権利を保護し，安全・安心な労働環境を促進する 4.7：すべての学習者が，持続可能な開発を促進するために必要な知識及び技能を習得できるようにする。	2．サプライチェーン安全教育の推進 ①取引先・協力会社を含めた安全教育の浸透 ②人権デューデリジェンス及び「安心教育」の浸透	①サプライチェーン全体の労働災害事故発生率0 ②安全・安心教育実施率100％	2030年

（出所）筆者作成

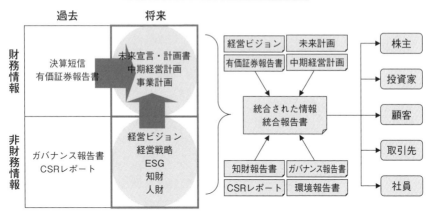

図表10-10　未来への統合報告書

（出所）筆者作成

　そこで，統合された情報として「統合報告書」が数年前から，求められるようになってきた。中期経営計画のみでなく，長期的な戦略や，ビジネスの持続的な価値及び社会的な価値など，未来計画がわかりやすくかつストーリーが組み立てられているかが問われている。**図表10-10**に示した非財務の情報から，財務情報へのつながりが明確であることが求められているのである。

3.3 | 日本の社会課題の解決に向けて

　世界の中の日本に目を向けると，**図表10-11**に示した課題が，優先順位として高い。人間は，当然ながら幸せであることを望み，その状態が続くことを望んでいる。**世界保健機関（WHO）では，「健康とは，病気ではないとか，弱っていないということではなく，肉体的にも，精神的にも，そして社会的にも，すべてが満たされた状態（well-being）」と定義**している。このウエルビーイングが，人間同士の関係においても満たされていることが重要であり，さらに，質の高い教育の中で，次世代に受け継がれていくことが理想である。

また「ダイバーシティ＆インクルージョン」がSDGs経営のエンジンともいわれている。人財のダイバーシティ（多様性）をお互いにインクルージョン（包摂）することが持続的成長の原動力といえる。

　日本においては，ダイバーシティがなぜ必要か，女性活躍はなぜ必要か，教育の場や家庭，職場で議論していく機会を増やしていくことが必要である。

　SDGs教育の本質は，自分で考え，他人を思いやり，幸せの連鎖を起こしていく活動に他ならないのである。

　また，会社の持続的成長のためにも多様性が必要と言われている。一人ひとりが，いきいきワクワク働きながら能力を最大限に発揮し，多様性の視点からフィードバックをもらうことで行動変容と新しい価値創造を実現できるからである。しかし，人間だれしも個々の考え方の違いや能力格差があり，理解できない部分も存在する。このような人間視点で持続可能な社会を実現

図表10-11　日本社会のマテリアリティ分析

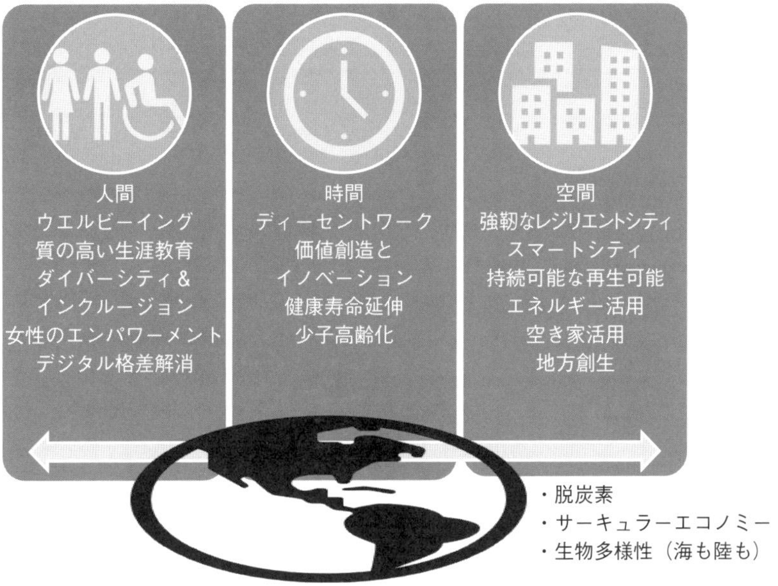

（出所）筆者作成

するためには，一人ひとりが，SDGsの本質を理解し，行動変革することが第一歩といえる。そのための教育が，「持続可能な開発のための教育」（Education for Sustainable Development：ESD）と呼ばれている。人生を終えるまで学び続ける環境の提供を通じて「質の高い教育」の持続可能性を高める必要がある。

3.4 | SDGsの本質とは何か

SDGsの本質は，以下の3つの段階にチャレンジすることである。

① 誰一人取り残さずに，一人ひとりが自分ごと化し，SDGsに合致した行動変容を起こすこと

② パートナーシップを発揮して，人間の多様性をフル活用することで潜在市場を創造できると宣言し，課題解決に向けた施策を開始すること

③ 幸せなビジネスを創造し続けるビジネスモデルを構築し，進化し続けること

考えるヒント

■SDGsに関連する環境・社会課題の中で，自分が関心あるテーマを挙げて，未来のために優先順位をつけてみよう

■SDGsに関連する環境・社会課題を解決するために自分なりにできる施策を考えて，実行し，評価してみよう。

第11章

SDGs経営事例

SDGs経営の優秀事例に学ぶ

- SDGs経営の目的は，持続可能な会社になることである。そのためには，会社と個人が成長し続け，未来を幸せにするビジョンをもつことが重要である。

- 自社が100年から300年以上存続し，成長し続けるためにはどのような施策が必要かを若い世代と経営者が共有することから始めるとよい。

- SDGsは，「誰一人取り残さない」という共通理念をもとに，企業文化を見直すことも重要である。

- SDGs目標の中で，パートナーシップが重要視されている。個人からスタートして世界とつながるパートナーシップを発揮して，共有価値の創造が期待されている。

- SDGs目標の中で，ジェンダー平等を基礎に，ダイバーシティ（多様性）＆インクルージョン（包摂）が重視されている。お互いを理解し，認め合う企業文化の定着が期待されている。

- SDGs目標の中で，ディーセントワーク（働き甲斐のある人間らしい仕事）が重要視されている。この実現により，企業の生産性の向上が期待される。

- 持続可能な成長のためには，一人ひとりが，SDGs経営の本質を正しく，理解し，未来宣言・計画書を作成することが期待される。

- SDGs経営の本質を理解し，実践していくためには，一人ひとりがSDGsエバンジェリスト（伝導師）として，未来へつなぐ伝導師となることが望ましい。

1 │ SDGsの世界市場

1.1 │ SDGs市場からみたビジネスの動向

　SDGsは，グローバルで巨大な市場であることが，2017年1月に発表されている。国連基金，英国国際開発省（DFID）ほか，様々な公的機関や民間財団等の共同出資で運営されている「ビジネスと持続可能な開発委員会（Business & Sustainable Development Commission）」が公表したレポート

図表11-1　分野別グローバル市場規模

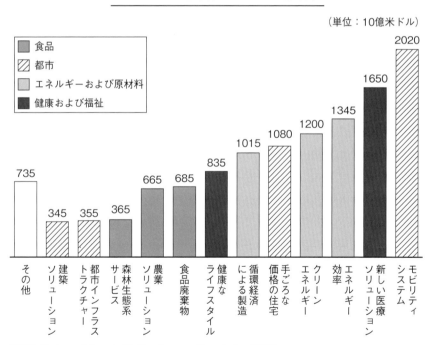

（単位：10億米ドル）

（出所）Business & Sustainable Development Commission［2017］

「BETTER BUSINESS BETTER WORLD」では，SDGsグローバル目標を達成することで，2030年までに12兆ドルの機会創出になると報告されている（図表11-1）。同レポートにおいて試算対象になったのは食料・農業，都市，エネルギー・資源，健康・福祉の4分野のみであることを考慮すると，全体としては**20兆ドル程度のSDGsの市場ポテンシャルと想定**される。

図表11-2　グローバル市場が大きい60のSDGsビジネスモデル事例

	①食料と農業	②都市	③エネルギーと材料	④健康と福祉
1	バリューチェーンにおける食糧浪費の削減	手ごろな価格の住宅	サーキュラーモデル-自動車	リスク・プーリング
2	森林生態系サービス	エネルギー効率-建物	再生可能エネルギーの拡大	遠隔患者モニタリング
3	低所得食糧市場	電気及びハイブリッド車	循環モデル-装置	遠隔治療
4	消費者の食品廃棄物の削減	都市部の公共交通機関	循環モデル-エレクトロニクス	最先端ゲノミクス
5	製品の再調整	カーシェアリング	エネルギー効率-非エネルギー集約型産業	業務サービス
6	大規模農場におけるテクノロジー	道路安全装置	エネルギー保存システム	偽造医薬品の検知
7	ダイエタリースイッチ	自律車両	資源回復	たばこ管理
8	持続可能な水産養殖	ICE（内燃エンジン）車両の燃費	最終用途スチール効率	体重管理プログラム
9	小規模農場におけるテクノロジー	耐久性のある都市構築	エネルギー効率-エネルギー集約型産業	改善された疾病管理
10	小規模灌漑	地方自治体の水漏れ	炭素捕捉及び格納	電子医療カルテ
11	劣化した土地の復元	文化観光	エネルギーアクセス	改善された母体・子供の健康
12	包装廃棄物の削減	スマートメーター	環境にやさしい化学物質	健康管理トレーニング
13	酪農の促進	水と衛生設備	添加剤製造	低コスト手術
14	都市農業	オフィス共有	抽出物現地調達	
15		木造建造物	共有インフラ	
16		耐久性のあるモジュール式の建物	鉱山復旧	
17			グリッド相互接続	

（出所）Business & Sustainable Development Commission［2017］

図表11-2は同レポートによるグローバル市場が大きい60のSDGsビジネスモデル事例をまとめたものだが，この事例と図表11-1について自社の強みをかけ合わせると，将来のビジネスモデルの構築や革新に着手しやすい。特に「①食料と農業」は，SDGsのNo.1 貧困，No.2 飢餓と持続可能な農業に直結した課題解決，「②都市」は，No.11 持続可能な都市と人間居住とモビリティに関する課題解決，「③エネルギーと材料」は，No.7 近代的エネルギー，No.12 持続可能な生産消費形態に関する課題解決，「④健康と福祉」は，No.3 健康的な生活と福祉そのものの課題解決である。**これら4分野は，市場規模が大きいことに加え，バリューチェーン全体が，デジタル活用でつながることで，新しいビジネスモデルが構築しやすい。**

1.2 | 日本におけるSDGsビジネス

日本におけるSDGsビジネスもグローバル市場の動きと連動し，成長すると考えられるが，地方創生など，日本特化型のビジネスモデルの構築・革新も中堅・中小企業や起業を主軸に推進する必要がある。今後の日本におけるメガトレンドを考える上で，経団連，東京大学，GPIF（年金積立金管理運用独立行政法人）が共同で研究内容を公表した資料が参考になる（図表11-3）。**少子高齢化など人口構造の変化，大都市への集中（地方の衰退），コロナを踏まえた働き方改革の推進と文化の多様化など日本特有の課題もビジネスを通じて解決していく必要がある。**

図表11-3　日本の社会課題と課題解決技術

メガトレンド	発生しうる課題／変化	解決を期待する技術
人口構造の変化	高齢者の危険運転	自動運転
	少子化による労働力不足	ロボット
大都市への集中	地方の過疎化，弱体化	リモートワーク技術
	地方の医師不足	遠隔医療
健康寿命の延伸	認知症の拡大	予防医療
	生活習慣病の拡大	データセキュリティ
循環型社会の形成	資源不足	資源の再利用
	廃棄物汚染	廃棄物処理
働き方の多様化	オフィス勤務が減少	画像認識，音声認識など
	効率化の追求	各種センサー技術
文化の多様化	外国人の増加	翻訳技術
技術を活用した安全でスマートな生活	スマートシティ／スマートライフ	クリーンエネルギー
	エネルギー不足と危険性	
気候変動と災害防止	気候変動による災害の深刻化	気候予測
	災害救助／対応の危険化	ドローン

（出所）経団連・東京大学・GPIF［2020］

2 ｜ SDGs経営先進事例

2.1 ｜ トヨタの取り組み

　トヨタのSDGsへの取り組みは多岐にわたっているが，最も重要視して取り組んでいる項目の一つに安全への取り組みがある

　トヨタの究極目標は，「交通死傷者ゼロ」である。その実現のための取り組みにおいては，安全な「クルマ」の開発のみでなく，ドライバーや歩行者という「人」に対する啓発活動，信号設置や，道路整備など「交通環境」整

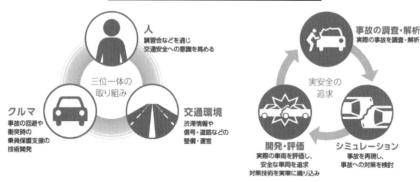

図表11-4　トヨタの安全への取り組み

（出所）トヨタHP

備の3つの視点から取り組みを実施している（図表11-4）。**トヨタでは，「人・クルマ・交通環境」の「三位一体の取り組み」を推進するとともに，事故に学び，商品開発に活かす「実安全の追求」を重視している点が評価できる。**

　また，交通死傷者ゼロに向けた安全技術の基本的な考え方として「統合安全コンセプト」を掲げ，技術開発を推進している。

　トヨタは，未来志向である点が評価できる。車を作る会社からモビリティカンパニーへと革新を考えている。安全なモビリティを提供するとともに，「幸せの量産」を目指している。

　以下，豊田章男社長の，株主総会等での未来宣言を紹介したい。

　　トヨタでは，それぞれの「現場」で，さまざまなステークホルダーの皆様とともに，「現在」「過去」「未来」の仕事に取り組んでおります。
　　「現在」の仕事をしている人たちは，「未来」の仕事をするための「体力」をつくり続けています。
　　「過去」の仕事をしている人たちは，「よくないこと」を「未来」に持ち越さないために「改善」を続けています。
　　「未来」の仕事をしている人たちは，「現在」と「過去」の仕事で生み出

した「体力」を使い，解答がない中で，失敗をしながら，挑戦を続けています。

今，私自身が実感していることがございます。かつては「機能別」にバラバラに動いていたトヨタが，いま一つになろうとしているということです。

（2021年定時株主総会にて）

図表11-5にトヨタのミッション・ビジョン・バリューを示す。飾らず，心に響くわかりやすい宣言になっている。

さらに豊田章男社長は以下のように続けている。

何もしないで迎える20年後，30年後と，未来をもっとよくしたいという意志をもち，情熱をもって，行動して迎える20年後，30年後では，必ず

図表11-5　トヨタフィロソフィー

	MISSION	わたしたちは，幸せを量産する。 技術でつかみとった未来の便利と幸福を手の届く形であらゆる人に還元する。
	VISION	可動性（モビリティ）を社会の可能性に変える。 人，企業，自治体，コミュニティができることをふやし，人類と地球の持続可能な共生を実現する。
	VALUE	ソフト，ハード，パートナーの3つの強みを融合し，唯一無二の価値を生み出す。

（出所）トヨタHP

図表11-6 トヨタの未来宣言・計画書

			SDGs未来宣言・計画（トヨタ）	
未来像			自動車をつくる会社からモビリティカンパニーへとモデルチェンジし，トヨタの未来都市の実証実験を通して，スマートシティ構築及び幸せの量産を目指す	
区分	優先順位	マーク	目標番号	活動テーマ・事業内容
事業	1	**11** 住み続けられるまちづくりを	（11.3）2030年までに，包摂的かつ持続可能な都市化を促進し，全ての国々の参加型，包摂的かつ持続可能な人間居住計画・管理の能力を強化する。	未来都市「ウーブン・シティ」は，自動運転をはじめ，MaaS（モビリティ・アズ・ア・サービス），パーソナルモビリティ，ロボット，スマートホーム技術，AI技術などの導入などの実験都市を推進
事業	2	**3** すべての人に健康と福祉を	（3.7）2020年までに，世界の道路交通事故による死傷者を半減させる。	安全なモビリティ社会の実現
活動	3	**7** エネルギーをみんなにそしてクリーンに **13** 気候変動に具体的な対策を	（7.2）2030年までに，再生可能エネルギーの割合を大幅に拡大させる。 （7.3）2030年までに，世界全体のエネルギー効率の改善率を倍増させる。 （13.1）気候関連災害や自然災害に対する強靱性（レジリエンス）及び適応の能力を強化する。	2050年グローバル工場CO$_2$排出ゼロを目指す
活動	4	**12** つくる責任つかう責任 **13** 気候変動に具体的な対策を	（12.8）持続可能な開発及び自然と調和したライフスタイルに関する情報と意識を持つ。 （13.1）気候関連災害や自然災害に対する強靱性（レジリエンス）及び適応の能力を強化する。	ライフサイクル全体でのCO$_2$排出ゼロを目指す
事業	5	**7** エネルギーをみんなにそしてクリーンに **13** 気候変動に具体的な対策を	（7.3）2030年までに，世界全体のエネルギー効率の改善率を倍増させる。 （13.1）気候関連災害や自然災害に対する強靱性（レジリエンス）及び適応の能力を強化する。	電動車（エコカー）の販売促進 新車平均CO2排出量を2050年に90％以上削減

（出所）トヨタ報道資料及びHPから筆者作成

究極の願いである交通事故死傷者ゼロの実現に向けた課題解決を推進

KPI（目標・目標値）	達成期限（ゴール達成時期）
①人を中心にした自働化への技術開発 ②革新的かつ卓越したグロース・ステージのベンチャー企業に投資 ③試作を通じて，安全でスマートなモビリティの実現を加速化	2030年-2050年 いつまでも成長し，スタートがずっと続くような「未完成の街」
①人・クルマ・交通環境の「三位一体の取り組み」 ②事故に学び，商品開発に活かす「実安全の追求」	2030年
①グローバル工場からのCO_2排出量 2013年比30％削減 ②再生可能エネルギー電力導入率25％ ③水素利活用	2025年
ライフサイクルCO_2排出量 ①2025年までに2013年比18％以上削減 ②2030年までに2013年比25％以上削減	2025年 2030年
2030年に電動車を累計3000万台以上を販売 2030年に年550万台を目指す 新車平均CO2排出量 ①2025年までに2010年比25％以上削減 ②2030年までに2010年比30％以上削減 ③2050年までに2010年比90％以上削減	2025年 2030年 2050年

見える景色は変わってくると信じております。私は，これからも「現場にいちばん近い社長」として，「幸せの量産」というミッションのもと，みんなで心をひとつにすれば，「未来は必ず変えられる」ということを今後も「行動」で示してまいります。

（2021年定時株主総会にて）

　トヨタに学びたい点は，未来は誰も予測できないが，未来を変える力を磨き，行動することで，幸せがきっとくるという信念が伝わってくる点である。

　トヨタの主な取り組み事例の中で，もう一つの柱は，**スマートシティを目指したWoven City（ウーブンシティ）のプロジェクト**がある。

　Woven Cityの開発は，大きく３つのテーマがある。**Service Development（サービス開発），Product Development（製品開発），UX（User Experience）Development（顧客体験の開発）**である。

　サービス開発は，物流サービスの開発を手掛けており，Woven Cityの中にある物流センターには，宅配便，クリーニング屋，小売業者，新聞配達，郵便など，様々なものが入ってくる。これらを各住居に届けるのが，「S-Palette」という自動運転の配送ロボットである。物流センターで荷物を積み込んだS-Paletteは，地下道を通って各居住棟まで移動し，エレベーターに乗って部屋の前までやってくる。そして玄関前の「スマートポスト」に荷物を入れ，自動で戻っていく。宅配便やクリーニング，ゴミを出したいときも，スマートポストに入れておけばS-Paletteが自動的に回収してくれる。Woven Cityでは，荷物が地上を行き交うことは基本的になく地下が物流拠点となる。

　図表11-6にHPやトヨタイムズなど各種発表資料から，トヨタの主な取り組み事例をまとめた。

　未来像は，自動車をつくる会社から，モビリティカンパニーへ，そしてスマートシティ創造企業へのストーリーが明確である。

　さらに，2050年には，工場及びライフサイクル全体でのCO_2排出実質０を宣言し，新車におけるCO_2排出も90％削減を宣言している。

2.2 | ユーグレナの取り組み

ユーグレナは，2005年8月9日に創業したベンチャー企業である。事業内容としては以下の4つを公表している。

1．ユーグレナ等の微細藻類の研究開発，生産
2．ユーグレナ等の微細藻類の食品，化粧品の製造，販売
3．ユーグレナ等の微細藻類のバイオ燃料技術開発，環境関連技術開発
4．バイオテクノロジー関連ビジネスの事業開発，投資等

この4つの事業の中で，ユーグレナは**図表11-7**に挙げる①ヘルスケア事業，②バイオ燃料事業，③ソーシャルビジネスの3つの領域でSDGsに取り

図表11-7　ユーグレナが取り組むSDGsの領域

▶ イキイキとした毎日　　　　▶ 未来を守るエネルギー　　　　▶ 豊富な栄養を当たり前に

【SDGs No.3　健康的な生活の確保】
① ユーグレナ（ミドリムシ）の豊富な栄養を使った食品やお肌への化粧品，バイオテクノロジーを通して未来の健康をサポート
【SDGs No.7　近代的エネルギーへのアクセス】
② カーボンフリーを目指した車両・航空機向けのバイオ燃料を製造・サポート
【SDGs No.2　栄養改善及びNo.1貧困を終わらせる】
③ バングラデシュのより多くの人に充分な栄養素を届ける事業及びグラミンユーグレナ「緑豆プロジェクト」で雇用を生み，人々の暮らしを改善する

（出所）ユーグレナHP

図表11-8　ユーグレナ未来宣言・計画書

SDGs未来宣言・計画書						
未来像	「Sustainability First（サステナビリティ・ファースト）」を体現する企業					
区分	優先順位	マーク	目標番号	活動テーマ・事業内容	KPI（目標・目標値）	達成期限
事業	1	3 すべての人に健康と福祉を	3．あらゆる年齢のすべての人々の健康的な生活の確保	ユーグレナ（ミドリムシ）の豊富な栄養を使った食品やお肌への化粧品，バイオテクノロジーを通して未来の健康をサポート	化粧品販売の拡大からだにユーグレナ（食品）の販売の拡大	2030年
事業	2	7 エネルギーをみんなにそしてクリーンに / 13 気候変動に具体的な対策を	（7.1）2030年までに，安価かつ信頼できる現代的エネルギーサービスへの普遍的アクセスを確保する。（13.1）気候関連災害や自然災害に対する強靱性（レジリエンス）及び適応の能力を強化する。	カーボンフリーを目指した車両・航空機向けのバイオ燃料を製造・サポートを実施	バイオ燃料事業の拡大・バス会社・飛行機	2030年
活動	1	1 貧困をなくそう / 2 飢餓をゼロに	（1.1）極度の貧困をあらゆる場所で終わらせる。（2.1）飢餓を撲滅し，すべての人々，特に貧困層及び幼児を含む脆弱な立場にある人々が1年中安全かつ栄養のある食料を十分得られるようにする。	バングラデシュのより多くの人に充分な栄養素を届けるグラミンユーグレナ「緑豆プロジェクト」で雇用を生み，人々の暮らしを改善する。	ユーグレナ入りクッキー配布数の拡大バングラデシュ農村での雇用創出と収入増加を実現するため日本の農業技術を用いてバングラデシュで多く食されている緑豆の栽培を支える「緑豆プロジェクト」推進	2030年
活動	2	4 質の高い教育をみんなに	（4.7）すべての学習者が，持続可能な開発を促進するために必要な知識及び技能を習得できるようにする。	CFO（Chief Future Officer：最高未来責任者の提言・活用	フューチャーサミットの企画・運営	2025年

（出所）ユーグレナ報道資料及びHPから著者作成

組んでおり，事業そのものが環境・社会課題を解決する目的志向型の事業を創出している点が特徴的である。

ユーグレナのSDGsの取り組みで一番ユニークな項目は，2019年から CFO（Chief Future Officer：最高未来責任者）を任命し，パートナーとして未来を変えていくために，現在の経営陣に加えて未来を生きる当事者である将来世代が経営の議論に参加している点である。図表11-8に同社の各種発表資料及びWebサイトから，ユーグレナの主な取り組み事例をまとめた。今後のさらなる連携が価値創造につながることを期待したい。

COLUMN11-1

SDGsウォッシュが増えている？

　「SDGsウォッシュ」とは，「グリーンウォッシュ」が起源で，会社自身が，環境にやさしい会社に見せかけることから発展した言葉である。

　SDGsウォッシュは，「SDGsの本質を理解せずに，中身が伴っていない状態」であるが，企業は，2030年に向けて，本質的な取り組みが今こそ求められている。さて，多くの社会人がSDGsバッチをつけているが　本当に，目的や内容をしっかり理解しているだろうか？

　以下に留意してチェックしてみよう。

・SDGsバッチをつけているが，定位置を知らず，ゆがんでバッチをつけている人
・SDGsバッチをつけているが，他人への配慮や親切心がまったくない人（例えば電車で席をゆずったことがない人など）
・SDGsのログマークをやたらに多くつけている会社（17個すべてのログマークをつけてPRしている会社）
・事業・活動からSDGsNoの紐付けを実施しているが，どのような関係があるか内容が明示されていない会社
・SDGsターゲットを中核に事業・活動の社会的価値が表現されていない会社
・自社の重要度（マテリアリティ）分析結果とSDGs目標No.やターゲットとの関係性が明確でない会社
・社長がSDGs大好きで導入したが，社員まで浸透していない会社
・CSR部門やSDGs部門だけが取り組んで，事業部門は，SDGs無関心な会社

2.3 | SDGs目標別の取り組み事例

様々な会社によるSDGsの目標別の取り組み事例を**図表11-9**に示す。

図表11-9　SDGsの目標別の取り組み事例

SDGs目標	SDGs取り組み事例
1 貧困を なくそう	① マイクロファイナンスによる少額融資／グラミン銀行 ② 働きぶりの情報を可視化することで信用力を生み出し，金融サービス創出／Global Mobility Service㈱ ③ 農村地域で雇用を創出し，子どもが売られない世界をつくる／パナソニック
2 飢餓を ゼロに	① 災害発生時におけるインスタントラーメンの無償提供／日清食品 ② 食品廃棄率0.2%を達成し，さらなる削減でゼロを目指す／オイシックス・ラ・大地 ③ 持続可能な農業のために機械のICT化やロボット化による効率化・省力化／クボタ
3 すべての人に 健康と福祉を	① 脳卒中や心筋梗塞などの疾患をゼロに「ウエアラブル血圧計」／オムロン ヘルスケア㈱ ② デジタルテクノロジーを活用して新薬の開発や飛沫感染対策等／富士通 ③ 出産や特定不妊治療に備える保険／日本生命
4 質の高い教育を みんなに	① 貧困層の子ども達への持続的な教育支援／KUMONグループ ② インドの教育現場をサポートする製品やサービスを提供／リコー ③ コミュニケーションロボットを活用した小学校教育支援／ニコン㈱ユニロボット㈱
5 ジェンダー平等を 実現しよう	① 「S&Bポジティブアクション」を制定し女性の採用や管理職登用推進／S&B ② 女性の結婚や産後の働き方改革や育児と仕事の両立を叶えるワークライフバランス施策推進／花王 ③ ヤクルトレディのお子さんをお預かりする保育所（認可・認可外含む）を運営／ヤクルト
6 安全な水とトイレ を世界中に	① 自然に戻る特徴を大切にした無添加の安全性を高めた石鹸の普及／シャボン玉石鹸 ② 安全で安心して使えるトイレの制作，設置／TOTO株式会社 ③ 企業の国内外の拠点について水の枯渇状況，水質汚濁の状況，洪水の状況の観点から水リスク簡易評価サービスの提供／MS&ADインターリスク総研

	① CO2フリー水素チェーンの構築／川崎重工業㈱ ② ZEB（ネット・ゼロ・エネルギー・ビル）プランナーとしての活動／三菱電機㈱ ③ 太陽光独立電源パッケージ「パワーサプライステーション」を活用した電気がない地域への供給／パナソニック
	① 「同一労働・同一賃金」を適用し、「正社員」の待遇を保障／イケア・ジャパン ② 「ファーマーズマーケット」を展開し、生産者のこだわりのある野菜や果物を産地直送し顔の見える方法で販売／成城石井 ③ 副業の自由化など「誰もが自分らしい働き方を選択できる社会」を目指す／クラウドワークス
	① スマートシティ構想や自動車の安全性を追求、ヒューマノイドロボットの開発など／トヨタ ② プラント・工場の重要設備や品質の異常兆候を早期に検知する「オンライン異常予兆検知システム」／アズビル㈱ ③ BIM（Building Information Modeling）やIoT・ロボット化による建設業の生産イノベーション／㈱竹中工務店
	① フェアトレードの商品を取り扱い、適正価格の支払い＋生産者コミュニティ全体の生活向上に役立てる「プレミアム資金」を上乗せ／イオン ② 「リボンモデル」を通じて人材紹介のみならず、住宅、美容サロン、飲食といった企業クライアントをマッチングさせ情報の格差をなくすサービス／リクルート ③ 多様な人材が活躍できる企業風土実現のため積極的にダイバーシティ＆インクルージョンを推進／ソフトバンク
	① 災害速報、災害が起こった後の災害情報を常に届ける／ヤフー ② デジタルイノベーションを加速するLumadaにより、時間、エネルギー、コストを削減するオープンイノベーションを推進／日立 ③ 災害復旧工事に安全性と確実性を実現した無人化施工技術／㈱熊谷組
	① ペットボトルからペットボトルを再度作り、2030年には全てのペットボトル製品をリサイクル素材や植物由来素材のみで作る／サントリー ② 「Stay Home & Share Smilesプロジェクト」ユーザーが自宅にある不要になったものを出品すると、出品1個につき10円を困っている人に寄付する／メルカリ ③ 農業6次産業化を目指す取り組みの展開／戸田建設㈱
	① 環境調和製品・サービスを世界中で普及させることによって、健康で快適な空気環境を提供／ダイキン ② 水素社会の実現に向けて低コスト多機能型の水素ステーションを開発／大陽日酸㈱ ③ 「気候変動による洪水頻度変化予測マップ」を公開／MS&ADインターリスク総研、東京大学、芝浦工大

	① 子どもたちに，海を知り守ることを伝える活動「トトタベローネ」／博報堂 ② IoT・AI化によりマグロ養殖ノウハウの可視化を通じ，水産養殖事業の効率性向上／双日 ③ 鉄鋼スラグと廃木材由来の腐植物質を混合した鉄分供給ユニットにより漁場・藻場の再生／日本製鐵
	① エチオピア森林保全プロジェクトの推進／UCC上島珈琲 ② 持続可能なパーム油を活用したRSPO認証製品の開発／サラヤ ③ 「協生農法」多様な植物とそこに共生する虫や動物が互いに成長をはぐくむ生態系を回復させる農法の普及／ソニーコンピュータサイエンス研究所
	① IoT，ICTと警備ノウハウを融合した広域／施設内監視サービス／ALSOK ② 戦争撲滅に向けた「国際平和デー」広告／博報堂インドネシア ③ 2030年を笑顔であふれる世界に！／吉本興業
	① グローバル・ヘルスに関するオープンプラットフォーム型の取組を推進／三菱UFJリサーチ＆コンサルティング ② 「日本青年会議所SDGsアンバサダー」を創出し，中小企業がSDGsのゴールを掲示／日本青年会議所

（出所）各社HP等から筆者作成

2.4 | SDGs経営を進化させていくポイント

SDGs経営を進化させていくポイントは，次のとおりである。

① 個人個人からスタートして世界とつながる**パートナーシップを発揮して，共有価値の創造**が期待されている。

② **ジェンダー平等を基礎に，ダイバーシティ（多様性）＆インクルージョン（包摂）が重視**されている。お互いを理解し，認め合う企業文化が，成長を促す。

③ アフターコロナも踏まえた**ディーセントワーク（働き甲斐のある人間らしい仕事）が重要視**されている。

④ SDGs経営の本質を理解するために，一人ひとりが**SDGsエバンジェリスト（伝導師）として，未来へつなぐ伝導師となり，行動する**ことが

望ましい。

考えるヒント

■ SDGsに貢献できる，新しい商品や新規サービスメニューを考えてみよう。

■ あなた自身が最も重要で興味がある社会課題をビジネスとして解決する方法
（パートナーシップも考慮して）を考えてみよう。

第12章

女性マーケティング

- 日本はジェンダー平等に向けた取り組みが国際的に大きく遅れているが，女性の登用・育成，ワークライフバランス施策が進展してきた。

- しかし突如世界を混乱に陥れたコロナ禍により，家事・子育てを担う女性のワークライフバランスは崩れ，女性達は企業・社会でも，家庭内でも目まぐるしい日々・時間を過ごしている。女性の役割やライフスタイルの変化は新たな女性市場を生み出す契機となる。

- これからの女性は「経済社会で活躍し続ける」「仕事と家庭（家事・育児）を両立する」「健康に長生きする」ことが大きなテーマとなり，これらに関連する新しい女性市場が顕在化・成長していく。

- 本章では，今後成長が期待できる市場分野として，リカレント教育やリスキリングによって女性のキャリアアップや転職・再就職を実現する「キャリアサバイバル」，テクノロジーで女性の健康課題を解決する「フェムテック」を取り上げ，社会背景や具体的事例を学ぶ。

- 女性市場は，女性の社会的・経済的・精神的自立に関連する市場に大きな可能性がある。

1 | 女性を取り巻く環境変化で新しい女性市場が生まれる

　女性の社会進出により女性の経済力が高まる中，コロナ禍のステイホーム・在宅勤務で女性が家庭で担う役割はより増えている。公私ともに女性の役割やライフスタイルが急速に変化することで，新たな女性市場が生まれている。

1.1 | 女性の働く環境が大きく変化している

1.1.1 | 日本のジェンダーギャップは先進国最低レベル

　かつて「男は仕事，女は家庭」という性別役割分担のもと，結婚出産育児で退職する女性が多く，働いたとしても補佐的な役割であった。しかし近年，働く女性の数（女性就業者数）が著しく上昇しており，2019年には15〜64歳で70.9％，25〜44歳で77.7％まで高まっている。また結婚出産育児を理由とした退職による就業率急落を示す「M字カーブ」も以前に比べ浅くなっており（総務省「労働力調査」），働き続ける女性が増えている。様々な分野で女性の社会進出が進んでおり，女性の管理職比率も10％台にまで増えている。

　しかし働く女性の約6割弱が非正規雇用労働者（2019年），すなわち賃金の低いパートアルバイト等である。正社員の給与水準では男性100とすると女性77と2割強も低い。多くの女性が働いているものの，パートアルバイトという不安定な雇用，男性より低い賃金に甘んじているのが現状である。その傾向は各国の男女格差を数値化した「ジェンダーギャップ指数2021」（世界経済フォーラム）でも表れている。**日本は世界156カ国の中で120位と低い水準であり，OECD諸国の中で最低順位である**（図表12-1）。**特に政治分野（147位）と経済分野（117位）の順位が低い。これは女性政治家が非常に少ないこと，企業では女性管理職・役員が少ないこと，女性の収入が男性より著しく低いことを意味している。**国際的にジェンダー平等に向けた取

り組みが日本は大きく遅れを取っている。

図表12-1　日本のジェンダーギャップ指数と上位国・主な国の順位

ジェンダーギャップ指数2021
日本は156カ国中120位

分野	順位
政治	147位
経済	117位
教育	92位
健康	65位

順位	国名
1	アイスランド
2	フィンランド
3	ノルウエー
4	ニュージーランド
5	スウェーデン
11	ドイツ
16	フランス
23	英国
30	米国
102	韓国
107	中国
120	日本

（出所）世界経済フォーラム資料より筆者作成

1.1.2 | コロナ禍で女性の役割・ライフスタイルが変化

　日本のジェンダー平等の遅れに対して政府も企業も無策なわけではない。2015年の女性活躍推進法施行により，国や自治体，企業などの事業主（従業員101名以上は義務）は女性活躍推進に関する数値目標や行動計画の策定・公表が求められ，女性の採用強化，女性リーダーの育成・登用などが急速に進んでいる。女性が育児と両立して働き続けるためには男女ともに残業時間削減が不可欠のため，ワークライフバランス（仕事とプライベートの両立）を実現する様々な取り組みも進んでいる。例えば出産後の短時間勤務制度，転居を伴う転勤の廃止，在宅勤務・テレワークの推奨などである。

　しかし**突如世界を混乱に陥れたコロナ禍により，家事・子育てを担う女性のワークライフバランスは崩れつつある**。保育園・学校等の閉鎖による子ど

もの世話，テレワークする夫のための食事の支度など，ワークライフバランスどころか家庭での役割が増えている。コロナ禍によって「女性がいなければ，家庭が，企業が，社会が回らない」ことが明確になった。コロナ禍が落ち着いても**テレワークや在宅（遠隔）学習は定着して，女性達は家の外（企業・社会）でも家の中（家事・育児）でも活躍が引き続き求められ，目まぐるしい日々・時間を過ごしていくことになる。このような女性の役割やライフスタイルの変化は新たな女性市場を生み出す契機となる。**

1.1.3 | これからは女性の経済的自立が欠かせない

本章では働く女性に焦点を当てている。それは単に働く女性の絶対数が増えているだけではなく，これからの女性は自分で稼げないと経済的に厳しくなるからである。大企業勤務の男性を夫にしても一生安泰の時代ではない。働き盛りの30代男性の給与水準（2019年）は約20年前（1997年）より約1割減少している（手取り額はもっと減少）。大企業の倒産，年功序列・終身雇用の崩壊，社会保障費・税金負担増による手取り額の減少など夫だけの給料では生活するのは難しく，経済的に余裕のある生活を送るならば非正規雇用の収入では不十分になる。非正規雇用は不安定で，コロナ禍で非正規の仕事を失った女性は少なくない。

女性には夫の雇用・収入リスクだけではなく，長生きリスクもある。日本女性の平均寿命は87.74歳（男性は81.64歳）と世界一長寿であり（2020年），長い老後に備えて働き続ける必要がある。また多くの女性が担ってきた補助的な仕事もAI（人工知能）・RPA（業務自動化）により代替・消滅しつつあり，大手金融機関や大手商社は一般事務職（正社員）の採用中止を発表している。**これからの女性は生きていくために，責任のある仕事で，しっかり自分で稼ぐ必要がある。**すなわち**女性の経済的自立が大きな流れ**になる。

1.2 | 新たな女性市場が顕在化・成長する

これからの女性は「経済社会で活躍し続ける」「仕事と家庭（家事・育児）

図表12-2　新しい女性市場

テーマ	目標	顕在化・成長する女性市場分野
経済社会で活躍し続ける	女性リーダー・管理職育成	・女性リーダー育成プログラム ・女性向けビジネス研修プログラム ・女性向けコーチング
	女性管理職・役員の採用	・女性リーダー人材の紹介・マッチング
	女性の昇進昇格・スキルアップ	・女性向け研修プログラム ・リカレント教育プログラム
	女性の再就職・転職	・女性人材紹介サービス ・リスキリングプログラム
	女性の起業	・女性起業家育成プログラム ・女性向け金融支援・ファンド
仕事と家庭（家事・育児）を両立する	家事の効率化	・ロボット家電・IoT家電 ・IoT住宅・スマートハウス ・家事代行サービス
	育児サポート	・ベビーシッターサービス ・ベビーテック（Baby Tech） ・育児ロボット
	子どもの教育	・家庭教師（遠隔含む） ・教師ロボット ・塾送迎サービス
健康に長生きする	PMS（月経前症候群）・更年期障害・不定愁訴	・女性専門外来 ・PMS・更年期障害ケアサービス ・代替医療
	妊活・不妊	・不妊治療 ・卵子凍結サービス
	老後の生活サポート	・単身女性向けシニアマンション ・単身女性向けシェアハウス ・コミュニティサービス ・後見人・財産管理サービス

（出所）筆者作成

を両立する」「健康に長生きする」ことが大きなテーマになる。この３つの
テーマに関する新しい女性市場が顕在化・成長していくだろう（図表12-2）。

　まず「女性が経済社会で活躍し続ける」ためには女性リーダー・管理職育
成や女性の再就職・転職，女性の起業を促進させる必要がある。それを実現
する市場分野としては女性リーダー育成プログラムや女性起業家育成プログ
ラム，女性人材紹介サービスがより成長するだろう。特に女性が社会で活躍

し続けるためのリカレント教育（学び直し），目指す仕事・組織への再就職や転職のためのリスキリング（デジタルスキルをはじめとした職業能力開発）の需要が拡大する。

次の**「仕事と家庭（家事・育児）を両立する」ためには，家事の効率化，育児サポート，子どもの教育がメイン分野となる。**それに関連する市場分野としては，家事の効率化であればロボット家電やIoT住宅，家事代行サービス，育児サポートであればベビーシッターサービスやベビーテック（Baby Tech：テクノロジーによって子育ての課題を解決），育児ロボット，子どもの教育であれば家庭教師（遠隔含む）や教師ロボット，塾送迎サービスなどが挙げられる。

最後の**「健康に長生きする」ためには，女性特有の健康課題解決と，長く続く"おひとりさま"老後対策がメイン分野となる。**女性特有の健康課題とはPMS（月経前症候群）や更年期障害，不妊や妊活などであり，女性専門外来やケアサービス，代替医療，不妊治療などの市場分野がある。女性の健康課題をテクノロジーで解決する分野はフェムテックと呼ばれ，成長市場として注目されている。未婚・既婚問わず女性は単身で老後を過ごす期間が長く，単身女性向けシニアマンションやシェアハウス，後見人・財産管理サービスの需要が高まるだろう。

COLUMN12-1

世代（ジェネレーション）とマーケティング

消費市場への女性の影響力は大きいが，世代によって違いがある。生まれた時代によって社会環境・影響要因が異なるため，消費への価値観は違ってくる。団塊世代や団塊ジュニア世代という言葉を聞いたことがあるだろう。今後の消費市場で代表的な世代となるのは「ミレニアル世代」「Z世代」「α（アルファ）世代」である。まずミレニアル世代は1980年代～1990年代後半に生まれた世代で既に社会人である。デジタルネイティブ（デジタル機器に強い），モノ所有より経験・コト重視，柔軟で価値観が多様という特徴がある。次のZ世代は1990年代後半～2012年頃に生まれた世代であり，これから本格的に社会に出ていく世代である。デジタルネイティブはもちろんのこと，ソーシャルネイティブ（SNSが日常），保守的，自分らしさを重視するという特徴がある。最後のα世

代はミレニアル世代の子ども世代で，2012～2025年に生まれた（生まれる）世代であり，まだ幼児・子どもである。これから価値観は形成されていくが，ロボティクス・AI・プログラミングが身近にあり，その影響を受けるのは確かである。世代による価値観・消費動向の違いは，商品・サービス内容やプロモーションにも関係する。これから消費の主役となる世代の特徴を考慮して，マーケティングを考えてみよう。

2 | 実践女性マーケティング：女性が変われば，市場が生まれる

今後成長が期待できる市場分野として，「キャリアサバイバル」「フェムテック」を取り上げて事例とともに学ぶ。

2.1 | 女性活躍でキャリアサバイバルが顕在化する

日本のジェンダー平等は特に経済分野および政治分野が国際的に大きく立ち遅れていることは前述したとおりである。これは女性政治家，女性管理職・役員が圧倒的に少ないことを意味している。それ以前に，多くの女性が高賃金で責任ある仕事を担う職業に従事できていない，結婚出産育児で一旦離職した女性が正社員として再就職できていない（結果として非正規雇用か復職を諦める）という現実がある。日本は大卒女性のライフイベントで一定期間離職した後の復職率は，国際的に劣位水準である。その背景には，本人の希望や過去の仕事経験と，現在の社会（企業）で求められるスキルとのアンマッチが指摘できる。例えば離職前と同じく事務職（正社員）として復帰したいが，企業側は「事務職は派遣社員で間に合っているので営業・販売職が欲しい」といったアンマッチである。また離職前のITスキルや保有資格も現在ではほとんど役に立たない場合も少なくない。これは現在，非正規雇用から正規雇用への転換，正社員から賃金が高くやりがいのある企業・職業への転職・転換を目指す場合も同様である。**女性が経済的に自立するには，現状に甘んじず（過去にとらわれず）にキャリアを自律的に構築する，すな**

わちキャリアを自らサバイバルする時代が到来している。日本での女性の労働環境が男性と大きく異なるため，女性に絞った「キャリアサバイバル」の市場が顕在化するだろう。

2.1.1 | 日本女子大学のリカレント教育課程

　リカレント教育とは学校卒業後に各人の必要に応じて学び直し，キャリアアップや転職・再就職に活かすサイクルを繰り返す教育制度を意味し（リカレント：recurrentの意味は反復・循環），「社会人の学び直し」と呼ばれている。類似した言葉に「生涯学習」があるが必ずしもキャリアアップ（転職・再就職・起業含む）につながらない趣味やスポーツ，ボランティアといった生きがいにつながる内容も含む。リカレント教育はあくまでも仕事・キャリアにつながる学びである。

　日本女子大学はライフイベント等で一旦離職した女性の再就職を支援する教育プログラム「リカレント教育課程」を提供している。具体的には再就職に必要な知識や心構えを学ぶ，定員40名の１年間（２学期）の昼間課程であり，定員を超す応募が毎年ある人気プログラムであり，入学時にわざわざ地方から東京に引っ越す学生もいるという。一旦離職した女性が再就職に必要な学びができる場はパソコンスクール，英会話スクール，専門学校，オンラインスクール，職業訓練（ハローワーク）など他にも多々ある中，なぜ日本女子大学のリカレント教育課程（以降，本プログラム）は受講生を安定確保できているのか。

(1)　ターゲットを絞り込む

　本プログラムの特徴の一つはターゲットの明確化である。応募資格は「４年制大学を卒業し，就業経験のある女性」である。また入学試験では書類選考や面接とは別に，英語テストやPCテスト（Word・Excelの基本操作）も実施する。つまり「大学教育を受けて，一度は社会で仕事をしたことがあり，授業で必要な英語やPCの基礎力がある女性」とターゲットを絞り込んでいる。この応募条件・入学試験により，**受講生の質が揃うため，授業内容のコ**

ントロールもしやすく，教育成果も高まる。

(2)　再就職を見据えたカリキュラム

　本プログラムの目的は教養や趣味，生きがいのための学びではなく，目指す仕事・業界への再就職である。よって本プログラムは**再就職を見据えた，ビジネス性に特化したカリキュラム**で構成されている。

　キャリア・スキル科目群（必修）として，キャリアマネジメントに加えて，英語，ITリテラシー，日本語コミュニケーションといった，実社会で働くために必要とされるスキルを学ぶ。キャリア形成科目群（選択必修）として，企業会計や簿記，マーケティング，起業などのビジネス系入門科目に加えて，実社会で必要とされる資格（貿易実務，内部監査実務，記録情報管理士，社会保険労務士，消費生活アドバイザー）の準備講座が用意されている。必修科目13単位，選択必修15単位，合計28単位（280時間）が修了要件である。

(3)　きめ細やかな再就職支援体制

　再就職に必要とされる学びを提供するだけではなく，実際に再び社会で働けるように再就職を支援する体制を構築している。本リカレント課程独自の求人Webサイトの運営，本課程主催の合同企業説明会の開催，面接講座やキャリアセミナーなど就職に役立つイベントとネットワーキングの開催，キャリアカウンセリングや応募書類添削など日常的な支援など，**きめ細やかな再就職支援を実施**している。本課程修了者は終了後も継続的に支援する。就職者の半分は正社員として再就職している。

　平日はほぼ毎日朝から午後遅くまで講義を受ける生活を１年間続けることは容易なことではない。しかし長年ブランクがあるほど，現在の実社会で求められるスキルとの乖離が大きく，目指す仕事・業界で再就職することは困難となり，一定期間の学び直しによってそのブランクと乖離を埋めることができる。社会人を対象としたMBAプログラム（１年半〜２年間）は数多く存在するが，既に実社会で働いている人のキャリアアップ・キャリアチェンジであり，ターゲットが異なる。「子育てで長年仕事をしていなかったけれ

ど再就職したい」「非正規としてしか再就職できなかったけれど正社員として働きたい」，そんな希望を持つ女性が日本には沢山埋もれており，女性向けのリカレント教育へのポテンシャルは大きい。人生100年時代到来で就業と学び直しを繰り返すことが一般的になるだろう。

2.1.2 | リスキリングが女性の雇用を救う

　社会人の学び直しとして「リカレント」に加えて，近年「リスキリング（re-skilling）」が注目されている。**リカレントは就業と学び直しの繰り返しを意味するのに対して，リスキリングは今後の環境変化・産業構造変化に必要とされる新たなスキルを身に付けることを意味する。今後の環境変化・産業構造変化に必要とされるスキルはDX（デジタルトランスフォーメーション）スキルであるため，リスキリング＝DXスキルの習得と認識されている。**DXとはデジタル技術を活用して業務効率化やサービス提供，新サービスを創造することである。例えば，無人のコンビニエンスストア，ロボットによる相談対応，ドローンカメラによる監視など，デジタル技術によって我々の生活はより便利になっている。これら新しいサービス・ビジネスを開発・運用・提供する知識・スキルを持った人材はIT人材やDX人材と呼ばれ，2030年の日本において最大で79万人不足するといわれる（経済産業省発表）。このIT・DX人材ニーズは女性の雇用や教育と大きな関係がある。

(1)　AI・RPAが一般事務職の仕事を代替する

　DXを実現する代表的な技術はAI，RPAである。AI（Artificial Intelligence）は人工知能と言われ，過去データを基に計算や分析を行うプログラムやソフトウェアを意味する。企業では受付ロボットや自動音声認識による問い合わせ対応，チャットボット（テキストや音声を通じて会話を自動的に行うプログラム）による注文受付などで活用されている。RPA（Robotic Process Automation）はこれまで人間がコンピュータでやっていた定型業務を自動化する仕組み・ツールのことである。企業ではデータ入力やデータ分析，経費確認，請求書作成，発注連絡などの日常業務を自動で行う。

これらAIやRPAによって自動化・効率化された業務のほとんどをこれまで一般事務職が担ってきた。一般事務職は受付や電話応対，データ入力や書類作成などの業務を担う職種であり，ほとんどが女性である。つまり**企業がAI・RPAの導入によって，多くの女性一般事務職の仕事がなくなる**。実際，これまで多くの女性を一般事務職として採用してきた大手金融機関や大手商社が事務職の新卒採用を中止することを発表している。転勤や残業がない等の理由で事務職を志望する女性は新卒・中途ともに多いが，需要（企業側のニーズ）と供給（女性側のニーズ）にアンマッチが生じている。

(2)　女性のリスキリングが必要不可欠

　DX時代において，女性こそリスキリングが必要とされる。**これまで受付や一般事務を担ってきた女性，一般事務職経験のみで再就職を目指す女性にとって，キャリア・雇用のためにはリスキリングが必要不可欠となる。**

　DX時代で必要とされるスキルには大きく２つの方向がある。一つはAI・RPAの開発・運用・活用できるスキルである。もう一つはAI・RPAに代替されないスキルである。前者のスキルは機械学習やプログラミング，クラウド，IoT，5G，ビッグデータなどのデジタルスキルであり，プログラマーやデータサイエンティスト，エンジニアなどの仕事は一層ニーズが高まるだろう。後者はロボットに代替されにくいクリエイティブやホスピタリティスキルであり，娯楽・エンタメを創造するクリエイターや，介護士・看護師・カウンセラーなどの対面のケア・サポートを必要とする仕事はニーズが継続するだろう（図表12-3）。

　一般事務職の社内失業に備えて，大企業を中心に一般事務職のリスキリングに着手している。生命保険大手である明治安田生命は全国約2,600人の契約社員女性が事務処理等を担っていたが，このうち1,900人を2021年４月から正社員（地域総合職）に切り替えた。転居を伴う転勤はないが，事務サービス・コンシェルジェとして営業職に同行して顧客を訪ね，書類確認や遺産整理の助言などを行う。責任が重くなるが，年収はアップし，退職金も支給される。雇用形態切替えのために綿密な説明や教育研修を実施した。社員の

図表12-3　AI・DX時代に生き残る仕事・消える仕事

生き残る仕事	消える仕事
・プログラマー	・事務員
・データサイエンティスト	・データ入力者
・システムエンジニア	・秘書
・クリエイター	・受付係
・マーケッター	・レジ係
・経営者	・集金係
・ソーシャルワーカー	・コールセンターオペレーター
・カウンセラー	・ルートセールス
・教師	・施設管理人
・医者など医療従事者	・組立工
・介護士など福祉従事者	・運転手

（出所）筆者作成

リスキリングは，内部教育と外部プログラム活用の両方が拡大していくだろう。

2.2 女性の健康課題を解決するフェムテック

　女性は生涯を通じて女性特有の健康課題に悩まされる。具体的には生理痛やPMS（月経前症候群），更年期障害，不妊や妊活，不定愁訴（冷え性や片頭痛，情緒不安定等の心身の不調）である。テクノロジーによって女性の健康課題を解決するビジネスが近年台頭して成長市場として注目されている。**テクノロジーによって女性の健康課題を解決するという意味から，女性（Female）と技術（Technology）をかけ合わせた造語「フェムテック」と呼ばれている。**ここでのテクノロジーはICT（情報通信技術）だけではなく，素材機能や製造技術まで，あらゆるテクノロジーを含む。

　フェムテックが注目される背景には女性の社会進出がある。これまで補助的・定型的業務を担ってきた女性が基幹職で働くようになり，心身の負担が増え，疲労やストレスで心身の不調を感じる女性が増えている。また妊娠・出産を契機に退職する女性も減っているため，妊娠・出産に関わる健康上の悩み，例えば不妊症や妊娠中毒症，出産後の不調などで医療機関に通う働く

女性も増えている。さらに女性の勤続年数も長くなっていることから，仕事中の更年期障害に悩む40〜50代女性も増えている。この世代は職場で責任のある仕事・役職についていることも多く，心身の不調は仕事にも影響を与えてしまう。

　これまでも女性の健康課題解決に資する医療・商品・サービス（婦人科・マッサージ・漢方・健康食品等）は存在していたが，日本では生理や妊活，更年期障害の悩みは個人事で，これらの悩みを公にするのはタブーな風土があり，市場が顕在化していなかった。女性の社会進出で，これまで個人的な健康上の悩みであったことが，仕事の場で顕在化している。女性の健康課題は年齢・ライフステージによって異なるが，働く女性の約5割が女性特有の健康課題などにより職場で困った経験があり，その内容として上位から月経関連症状，PMS（月経前症候群），更年期障害，メンタルヘルス，不妊・妊活，女性のがん・女性に多いがん，を挙げている（日本医療政策機構「働く女性の健康増進に関する調査2018」）。また**女性の心身の慢性的な不調は企業の生産性や活性化に影響を与えることもわかってきた**。女性特有の月経随伴症状などによる労働損失は4911億円と試算されている（Tanaka et al. 2013）。日常生活に影響する月経関連症状，および仕事に影響する月経関連症状が有意に就労女性の労働生産性を低下させていることも明らかになっている（日本産科婦人科学会調査）。女性特有の健康課題の解決は日本企業ひいては日本社会にとって避けられないテーマである。

(1)　ピルのオンライン診察サービス『スマルナ』

　ピル（低用量ピル）の正式名称は低用量経口避妊薬で，避妊効果以外にもPMS・月経痛・月経過多など生理改善効果も期待できる。しかし日本でのピルの普及率はわずか3％である（フランスやカナダの普及率は約30％）。多くの国が薬局でピルを購入できるのに対して，日本は婦人科の診療・処方箋が必要でハードルが高いことが要因の一つである。

　大阪のベンチャー企業，株式会社ネクイノは生理や避妊で悩む女性と医師とをオンラインでつなぎ，処方したピルを郵送するほか，助産師や薬剤師が

オンライン相談に対応する「スマルナ」を運営している。サービスや相談は
アプリ「スマルナ」を介し，2018年6月よりサービス開始されると，10〜30
代を中心に多くの人が利用し，累計60万ダウンロード（2021年9月時点）を
超える，国内最大級の婦人科特化型オンライン診察プラットフォームである
（図表12-4）。オンライン相談は1日平均約464件，大型連休等で既存の医
療機関が休みの場合，最大で900件を超える。婦人科の診療・処方箋が必要
という物理的ハードルや，生理の悩みを他人に相談しにくい，ピルの効果や
安全性についてよく知らないという心理的ハードルを，インターネット上の
プラットフォーム（テクノロジー）で解決するビジネスである。2020年4月
よりオフラインでも相談ができるクリニック「スマルナ医科歯科レディース
クリニックOSAKA」をプロデュースし（2021年10月よりユース世代向け相
談施設「スマルナステーション」としてリニューアルオープン），助産師や
薬剤師が生理や避妊などに関する相談に対応している。

　スマルナは個人だけではなく法人向けにもサービス「スマルナ for Biz」
を展開している。2020年9月よりスタートし，2021年4月より法人向け健康
経営支援プログラム「For Women's保健室」としてリニューアルして，生
理や避妊・PMSなどの悩みだけではなく，更年期まで幅広い相談に対応し
ている。女性社員のピル服用支援や産婦人科専門医によるウェルネスセミ

図表12-4　「スマルナ」アプリ画面

（出所）ネクイノ提供

ナーの社内実施などを行う。利用者はピル処方のためのオンライン診察に加えて、助産師や薬剤師にチャット形式で生理や避妊の悩みを相談できる。**働く女性の7割が生理による不調や仕事への影響を感じているにもかかわらず、企業としての解決策は（生理休暇以外は）手つかず**であった。企業が人的資源としての女性従業員の健康に向き合う時代が到来している。

(2) 世界のフェムテックと投資拡大

日本より欧米のフェムテックビジネスの成長は著しい。欧米で支持を得ているフェムテック事例として、米国発の生理用品のサブスクリプションサービス「Cora」がある。これはユーザーの生理周期や経血量などに合わせ、最適な量の生理用品が自宅に届けられる。同社のタンポンケースは隠して持ち運ぶ必要のないスタイリッシュなデザインである。同社商品を購入すると、生理用品を購入できないインドの女性達に生理用品が寄付され、社会課題解決にもつながっている。また妊娠を目指す人のためのウェアラブルデバイス「Ava」も注目されている。排卵日を予測するブレスレット（ウェアラブルデバイス）を開発したのはスイス初のスタートアップである。就寝中にブレスレットを着けるだけで、ユーザーは呼吸数、心拍数、睡眠の質、体温などを測定し、妊娠可能期間を予測できる。さらに体外受精分野でのサービスも生まれている。米国シリコンバレーで2016年に創立したPrelude fertilityは、20～30代の若い時期に卵子・精子を冷凍保存し、妊娠を希望する場合はそれらを解凍し、胎芽を作り、着床前スクリーニングの後、胎芽を母親に戻すサービスを提供している。このサービスは妊娠ができる年代・状態だがまだ妊娠をしたくない若い層をターゲットにしている。

米調査会社CBインサイツによると世界のフェムテック市場は2025年に500億ドル（約5.5兆円）と2021年から4割成長すると見込まれている。世界人口の半分を占める女性をターゲットとしたフェムテック市場はまだ伸び代があり、多くのベンチャーキャピタル（VC）がフェムテック関連ベンチャー・スタートアップへの投資を拡大している。女性起業家であることが多く、女性活躍の活性化にもつながる。

■ 仕事と家庭（家事・育児）を両立する，テクノロジーを活用した新しい商品サービスを考えてみよう。

■ 女子大生が自身の女性特有の悩みに関心を持って，フェムテックを活用してもらうには，どのような広告宣伝・販売促進・啓蒙啓発が良いか考えてみよう。

おわりに

これから社会で活躍する皆さんへ

読者が学生であれば「将来性のある企業はどこか？」「危ない業界はどこか？」，社会人であれば「成長性があるビジネスは何か？」「もっと高い給料がもらえる新興企業はどこか？」……このような視点でビジネス社会を見るのは至極当然である。しかし目先のこと・短期的に社会を見る近視眼的な視点だけではなく，大局的かつ長期的に社会を見る「俯瞰的な視点」も持ってほしい。これから社会で活躍する若い皆さんが予測不可能な未来を生き抜くために，いくつかのメッセージを伝えたい。

■加速する時代をしっかり読む

インターネットの台頭，デジタルテクノロジーの進化によって，ビジネスのスピードが加速している。それは商品サービスのヒットが短命で終わる，競争相手が突然変化することを意味する。競争環境分析手法として「5フォース分析」や「SWOT分析」を学んだ人は少なくないだろう。しかし，加速する時代では，5フォースでの「新規参入障壁が高い」ことが「新規参入障壁が低い」に変化して業界構造が大きく変わったり，SWOT分析で「強み」だったことが「弱み」に変わり，成長の阻害要因になってしまったりしてしまう。5フォースもSWOTも時代の流れによってどんどん変化していく。社会や業界の流れ，人々の関心や流行などを常に読むこと，本書でも取り上げたマクロ環境分析を何度もやり直して，市場環境や競合動向を動的に捉えることが必要である。

■業界単独ではなく業界融合で見る

就職・転職活動では業界単位で「伸びる業界」「伸びない業界」で見がちだが，実際はほとんどの業界が他業界と融合しており，業界単位で捉えるの

は意味がない。例えば放送業界と通信業界，銀行業界×証券業界×保険業界，小売業界と金融業界，家電業界と通信業界，旅行業界と農林水産業界，健康業界とエンターテインメント業界など数多くの業界融合が進んでおり，それが成長につながっている場合も少なくない。「○○業界は成長性がない」と表面的に捉えずに，業界融合の取り組みに市場性や成長性，新規性を見出してほしい。

■グローバル×コミュニケーション人材を目指す

　グローバルに活躍するのは商社や大企業の海外部門で働く人，それも留学経験や高い語学力を持つ限られた人達だけではない。残念ながら急速に少子化が進む国内市場は縮小していく。これからは海外の人に商品サービスを購入してもらわないと生き残っていけない時代になる。これは海外に出て販路を開拓するだけではなく，インターネットで海外向けに販売する，訪日する外国人旅行客に購入・消費してもらうことも意味する。その場合，必要とされるのは語学力より異なる価値観・習慣を持つ外国人達とのコミュニケーション力である。コロナ禍が収まれば，海外の人とのコミュニケーションは日常化していく。海外の人とビジネスで関わっていく覚悟を持とう。

■「プロフェッショナルスキル（武器）」カードを増やす

　新卒で入社した企業が一人前のビジネスパーソンとして育成してくれる時代は終わっている。自分が得意な分野，一生懸命になれることを見つけ出して，少なくとも職場や仕事仲間内で一番詳しいプロフェッショナルを目指そう。そして加速する時代をしっかり読みながら，次の得意分野を見つけ出して，2番目，3番目のプロフェッショナルスキル（武器）を身に付けていこう。大学で学んだことは5年もすれば（すべてではないが）陳腐化することを前提として，社会に出てからも何度も学び直して，新しい知識を身に付ければよい。

　「虫の目」「鳥の目」「魚の目」という言葉がある。「虫の目」は虫のように

近いところから細部に物事を見るミクロの視点，「鳥の目」は空を飛ぶ鳥のように高いところから全体を見渡す俯瞰的な視点，「魚の目」とは魚が潮の流れにのって泳ぐ時流を読む目である。この3つの視点を常に持って，予測不可能な将来を生き抜いてほしい。

（謝辞）

　本書の出版に際し，多くの企業・自治体に情報提供やインタビューにご協力頂いた。この場を借りて心より感謝を申し上げる。そして我々執筆陣を叱咤激励して導いて下さった中央経済社の浜田匡氏をはじめサポート頂いた皆様にも特段の感謝を申し上げる。

執筆者を代表して
武庫川女子大学経営学部教授
高橋　千枝子

主要参考文献

〔第１章〕

阿佐美綾香［2015］「LGBTとレインボー消費」『Marketing Researcher』128, pp.27-29。

電通ニュースリリース『電通,「LGBT＋調査2020」を実施（2021年４月28日）』。

電通ニュースリリース『電通ダイバーシティ・ラボが「LGBT調査 2018」を実施（2019年１月10日）』。

日本経済団体連合会『LGBTへの企業の取り組みに関するアンケート調査結果（2017年５月16日）』。

アンド・コスメHP　https://botchan.tokyo/

ムジラボHP　https://www.muji.com/jp/mujilabo/

（第１章のウェブ資料についてはすべて2022年１月４日に最終閲覧した）

〔第２章〕

山崎正和［1987］『柔らかい個人主義の誕生』中央公論。

Heskket, J.L., Jones, O.T., Loveman, G.W., Sasser Jr., W.E., & Schlesinger, L.A.［1994］Putting the Service-Profit Chain to Work. *Harvard Business Review*, March-April, 72(2), 164-174.

Kotler, P.［2003］*Marketing Management. 11th Edition*, Prentice-Hall, Upper Saddle River.

Maslow, A.H.［1943］A Theory of Human Motivation. *Psychological Review*, 50, 370-396.

Oldenburg, R.［1999］*The Great Good Place: Cafes, Coffee Shops, Bookstores, Bars, Hair Salons, and Other Hangouts at the Heart of a Community*. New York: Da Capo Press.（忠平美幸訳『サードプレイス—コミュニティの核になる「とびきり居心地よい場所」』みすず書房，2013年）

Oliver, R. I.［2015］*Satisfaction: A Behavioural Perspective on the Consumer. 2nd Edition*, Routledge, London and New York.

Schmitt, B. H.［1999］*Experiential Marketing: How to Get Customers to Sense, Feel, Think, Act, and Relate to Your Company and Brands*. New York: Free Press.（嶋村和恵・広瀬盛一訳『経験価値マーケティング』ダイヤモンド社，2000年）

Schmitt, B.［2003］*Customer Experience Management: A Revolutionary Approach to Connecting with Your Customers*. New York: Wiley.（嶋村和恵・広瀬盛一訳『経験価値マネジメント』ダイヤモンド社，2004年）

Schultz, H., & Yang, D. J.［1997］*Pour Your Heart into It: How Starbucks Built a Company One Cup at a Time*. New York: Hyperion.（小幡照雄・大川修二訳『スターバックス成功物語』日経BP社，2003年）

Starbucks Coffee Japan（https://www.starbucks.co.jp/）

The Ritz-Carlton（https://www.ritzcarlton.com/）

（第２章のウェブ資料についてはすべて2021年８月31日に最終閲覧した）

〔第３章〕

総務省［2020］『令和２年版情報通信白書』。

Afuah A.［2013］Are Network Effects Really all about Size? The Role of Structure and Conduct. *Strategic Management Journal*, 34, 257-273.

FCC［2018］*Annual Assessment of the Status of Competition in the Market for the Delivery of Video Programming: Eighteenth Report*（MB Docket No. 16-247），Washington, DC, Federal Communications Commission.

Hagiu, A., & Wright, J. [2015] Marketplace or Reseller?. *Management Science,* 61(1), 184.

Katz, M.L., & Shapiro, C. [1985] Network Externalities, Competition, and Compatibility. *American Economic Review,* 75(3), 424-440.

Katz, M.L., & Shapiro, C. [1994] Systems Competition and Network Effects. *Journal of Economic Perspectives,* 8(2), 93-115

Lafontaine, F., & Slade, M. [2007] Vertical Integration and Firm Boundaries: The Evidence. *Journal of Economic Literature,* 45(3), 629-685.

Lahiri, N., & Narayanan, S. [2013] Vertical Integration, Innovation, and Alliance Portfolio Size: Implications for Firm Performance. *Strategic Management Journal,* 34(9), 1042-1064.

Layton, R. [2014] Netflix Comes to the Nordics: Lessons in OTT Video. *Journal of NBICT,* 1, 109-138.

Urgelles, A. [2017] The Threat of OTT for the Pay? TV Market. *Current and Emerging Issues in the Audiovisual Industry,* 1, 19-38.

Van Alstyne, M.W., Parker, G., & Choudary, S.P. [2016] Pipelines, Platforms, and the New Rules of Strategy. *Harvard Business Review,* 94, 54-62.

Wang, R.D., & Miller, C.D. [2020] Complementors' Engagement in an Ecosystem: A Study of Publishers' E-Book Offerings on Amazon Kindle. *Strategic Management Journal,* 41(1), 3-26.

Zhu, F., & Iansiti, M. [2019] Why Some Platforms Thrive and Other Don't. *Harvard Business Review,* 97(1), 118-125.

GEMパートナーズ［2021］『動画配信（VOD）市場規模調査』(https://gem-standard.com/news_releases/255)

(第4章)

Brennan, L. [2018] How Netflix Expanded to 190 Countries in 7 Year. *Harvard Business Review* (October 12). Accessible at: https://hbr.org/2018/10/how-netflix-expanded-to-190-countries-in-7-years.

Chesbrough, H. [2010] Business Model Innovation: Opportunities and Barriers. *Long Range Planning,* 43(2-3), 354-363.

Hagiu, A., & Wright, J. [2015] Marketplace or Reseller?. *Management Science,* 61(1), 184.

Hagiu, A., & Wright, J. [2020] When Data Creates Competitive Advantage. *Harvard Business Review,* 98(1), 94-101.

McIntyre, D.P., & Srinivasan, A. [2017] Networks, Platforms, and Strategy: Emerging Views and Next Steps. *Strategic Management Journal,* 38(1), 141-160.

Netflix [2014] 2014 Q2 Letters to shareholder.

Netflix [2015] 2015 Q3 Letters to shareholder.

Netflix [2016] 2016 Q4 Letters to shareholder.

Netflix [2019a] 2019 Q1 Letters to shareholder.

Netflix [2019b] 2019 Q2 Letters to shareholder.

Netflix [2021a] 2020 Q1 Letters to shareholder.

Netflix [2021b] 2020 Q2 Letters to shareholder.

Periwal, M., Jain, I., & Rajkumar, H. [2018] Vertical Integration: A Preliminary Insight. *International Journal of Innovative Science and Research Technology,* 3(2), 53-56.

TiVo Q3 Video Trends Report [2016] Consumer Behavior Across Pay-TV, VOD, PPV, OTT, TVE,

Connected Devices, and Content Discovery.

Wang, R. D., & Miller, C.D. [2019] Complementors' Engagement in an Ecosystem: A Study of Publishers' E-Book Offerings on Amazon Kindle. *Strategic Management Journal*, 41(3), 1-24.

Zhu, F., & Iansiti, M. [2019] Why Some Platforms Thrive and Other Don't. *Harvard Business Review*, 97(1), 118-125.

FlixPatrol "Squid Game" (https://flixpatrol.com/title/squid-game/)

Todd Spangler [2021] "Netflix Releases New Data on Most Popular TV Shows and Movies" (https://variety.com/2021/digital/news/netflix-most-popular-tv-shows-movies-1235075301/)

(第5章)

加藤浩晃 [2021]『デジタルヘルストレンド2021』メディカ出版。

高橋千枝子 [2004]『図解 健康業界ハンドブック』東洋経済新報社。

武藤正樹・遊間和子 [2020]『デジタルヘルスケア』創元社。

村松潤一 [2016]『ケースブック 価値共創とマーケティング論』同文舘出版。

経済産業省 [2021]『経済産業省におけるヘルスケア産業政策について』

厚生労働省 [2021]『令和3年版厚生労働白書』。

PREVENT HP　https://prevent.co.jp/（2022年1月4日に最終閲覧した）

(第6章)

板越ジョージ [2013]『結局，日本のアニメ・マンガは儲かっているのか？』ディスカヴァー・トゥエンティワン。

櫻井孝昌 [2010]『日本はアニメで再興する―クルマと家電が外貨を稼ぐ時代は終わった』アスキー・メディアワークス。

数土直志 [2017]『誰がこれからのアニメをつくるのか？　中国資本とネット配信が起こす静かな革命』講談社。

日本動画協会 [2019]『アニメ産業レポート2019年版』主婦の友社。

日本動画協会 [2020]『アニメ産業レポート2020年版』主婦の友社。

福原慶匡 [2018]『アニメプロデューサーになろう！　アニメ「製作（ビジネス）」の仕組み』星海社。

増田弘道 [2018]『製作委員会は悪なのか？　アニメビジネス完全ガイド』星海社。

松井剛 [2019]『アメリカに日本のマンガを輸出する―ポップカルチャーのグローバル・マーケティング』有斐閣。

Itagoshi G. [2014] Marketing Strategies for Japanese Industry within the U.S. Animation Market. *International Journal of Business and Social Science*, 5(8), 280-287.

Kaifu, M. [2010] Japanese Content Market in US. *Hitotsubashi Business Review*, Toyo Keizai, 6-21.

(第7章)

井出直行 [2016]『ぷしゅ よなよなエールがお世話になります』東洋経済新報社。

佐藤尚之 [2020]『ファンベースなひとたち』日経BP。

田中絵里菜 [2021]『K-POPはなぜ世界を熱くするのか』朝日出版社。

Hsieh, Tony. [2010] *Delivering Happiness: A Path to Profits, Passion, and Purpose*. Hachette UK, (本荘修二監訳『ザッポス伝説』ダイヤモンド社, 2010年)

スタイルヒント（ファーストリテイリング）HP　https://www.stylehint.com/jp/ja/

ヤッホーブルーイングHP　https://yohobrewing.com/

Zappos HP　https://www.zappos.com/about/what-we-live-by/
（第7章のウェブ資料についてはすべて2022年1月4日に最終閲覧した）

（第8章）
長田英知［2019］『いまこそ知りたいシェアリングエコノミー』ディスカヴァー・トゥエンティワン。
宮﨑康二［2015］『シェアリング・エコノミー：Uber，Airbnbが変えた世界』日本経済新聞出版社。
Sundararajan, Arun.［2016］*The Sharing Economy : The End of Employment and the Rise of Crowd-Based Capitalism.* The MIT Press.（門脇弘典訳『シェアリングエコノミー：Airbnb（エアビーアンドビー），Uber（ウーバー）に続くユーザー主導の新ビジネスの全貌』日経BPマーケティング，2016年）
環境省大臣官房廃棄物・リサイクル対策部循環型社会推進室「循環型社会への新たな挑戦（平成20年9月）」
エアークローゼットHP　https://www.air-closet.com/
クラウドワークスHP　https://crowdworks.jp/
一般社団法人シェアリングエコノミー協会HP　https://sharing-economy.jp/ja/（2021年11月8日最終閲覧）
Airbnb HP　https:// www.airbnb.jp/
Uber HP　https:// www.uber.com/jp/ja/
UberEats HP　https://www.ubereats.com/jp
READYFOR HP　https://readyfor.jp
（第8章のウェブ資料についてはすべて2022年1月4日に最終閲覧した）

（第9章）
安倍晋三［2006］『美しい国へ』文藝春秋。
伊藤香織・紫牟田伸子（監修）シビックプライド研究会（編著）［2015］『シビックプライド2─都市と市民のかかわりをデザインする』宣伝会議。
河井孝仁［2009］『シティプロモーション─地域の魅力を創るしごと』東京法令出版。
河井孝仁［2016］『シティプロモーションでまちを変える』彩流社。
写真文化首都「写真の町」東川町（編）［2016］『東川町ものがたり─町の「人」があなたを魅了する』新評論。
菅原浩志（案）樫辺勒（著）［2017］『小説 写真甲子園0.5秒の夏』新評論。
玉村雅敏・小島敏明（編著）［2019］『東川スタイル─人口8000人のまちが共創する未来の価値基準』産学社。
牧瀬稔・読売広告社ひとまちみらい研究センター（編著）［2019］『シティプロモーションとシビックプライド事業の実践』東京法令出版。
牧瀬稔［2021］『地域づくりのヒント─地域創生を進めるためのガイドブック』社会情報大学院大学出版部。
内閣官房HP「地方創生に関する取り組み」https://www.cas.go.jp/jp/saiyou/index.html
内閣官房HP「まち・ひと・しごと創生法の概要」https://www.kantei.go.jp/jp/headline/chihou_sousei/pdf/siryou1.pdf
内閣官房ひと・まち・しごと創生本部事務局　内閣府地方創生事務局「地方創生の現状と今後の展開」https://www.soumu.go.jp/main_content/000635353.pdf
大阪府大東市HP https://www.city.daito.lg.jp/

北海道上川郡東川町HP https://town.higashikawa.hokkaido.jp/
(第9章のウェブ資料についてはすべて2021年11月8日に最終閲覧した)

（第10章）

三菱UFJリサーチ＆コンサルティング編著［2015］『CSV経営による市場創造』日科技連出版社。

矢野昌彦・今永典秀・世古雄紀・新保友恵・宮坂まみ・冨田裕平・三宅章介［2021］『経営専門職入門』
　　日科技連出版社。

国際連合広報センターHP「2030年アジェンダ」https://www.unic.or.jp/activities/economic_social_
　　development/sustainable_development/2030agenda/

サカイホールディングスHP　https://sakai-holdings.co.jp/

サカイホールディングスHP「SDGs伝道師ノア」https://sakai-holdings.co.jp/noa/

トヨタ自動車HP「トヨタ，「コネクティッド・シティ」プロジェクトをCESで発表」https://global.
　　toyota/jp/newsroom/corporate/31170943.html

(第10章のウェブ資料についてはすべて2021年11月8日に最終閲覧した)

（第11章）

Business & Sustainable Development Commission［2017］BETTER BUSINESS BETTER WORLD
　　The report of the Business & Sustainable Development commission

経団連HP『SDGs事例集：Innovation for SDGs—Road to Society 5.0—』https://www.keidanrensdgs.
　　com/database-jp

経団連・東京大学・GPIF［2020］『課題解決イノベーションの投資促進に向けた経団連，東京大学，
　　GPIFの共同研究報告書，ESGの進化，Society 5.0の実現，そしてSDGSの達成へ』https://www.
　　keidanren.or.jp/policy/2020/026_report.pdf

トヨタ自動車HP「トヨタフィロソフィー」https://global.toyota/jp/company/vision-and-philosophy/
　　philosophy/

トヨタ自動車HP「SDGsへの取り組み」https://global.toyota/jp/sustainability/sdgs

ユーグレナHP「サスティナビリティ」https://www.euglena.jp/companyinfo/sustainability/

(第11章のウェブ資料についてはすべて2021年11月8日に最終閲覧した)

（第12章）

高橋千枝子［2020］「フェムテック〜女性の社会進出とウーマンズヘルス」三菱UFJリサーチ＆コンサ
　　ルティング編『2021年日本はこうなる』東洋経済新報社。

日野佳恵子［2021］『女性たちが見ている10年後の消費社会　市場の8割を左右する「女性視点マーケ
　　ティング」』同文舘出版。

日本医療政策機構「働く女性の健康増進に関する調査2018」

経済産業省「IT人材需給に関する調査（2019年3月）」

総務省「労働力調査（基本集計）」

日本女子大学リカレント教育課程HP　https://www5.jwu.ac.jp/gp/recurrent/

ネクイノ（スマルナ）HP　https://nextinnovation-inc.co.jp/

Tanaka, Erika, et al.［2013］Burden of Menstrual Symptoms in Japanese Women: Results from a
　　Survey-Based Study. *Journal of Medical Economics,* 16(11), pp.1255-1266.

The World Economic Forum『Global Gender Gap Report 2021』（世界経済フォーラム『グローバル
　　ジェンダーギャップ指数2021』）

(第12章のウェブ資料についてはすべて2022年1月4日に最終閲覧した)

索　引

■執筆者紹介（執筆順）

高橋　千枝子（たかはし・ちえこ）　　　　　　　1・5・7・8・12章担当

編著者紹介参照

姜　京守（かん・ぎょんす）　　　　　　　　　　2・3・4・6章担当

関西外国語大学外国語学部准教授。
韓国釜山東明大学校専任講師，助教授を経て，2015年より現職。中央大学大学院商学研究科博士後期課程修了，博士（商学）。専門は，マーケティング戦略，IMC戦略。Don Schultz教授の共著論文が平成24年度アメリカビジネスコミュニケーション学会優秀論文賞を受賞。主な業績に『事例から学ぶマーケティングの教科書』丸善出版（2019年），Strategic orientation, integrated marketing communication, and relational performance in E-commerce brands, *Business Communication Research and Practice,* 2021など48本の論文がある。

三嶋（原）浩子（みしま（はら）・ひろこ）　　　　　　　　9章担当

㈱博報堂 関西支社 CMプランナー/ディレクター/コピーライター/動画ディレクター。
同志社女子大学 表象文化学部日本語日本文学科 非常勤講師（コピーライティング）。
大阪市立大学大学院　都市経営研究科都市行政コース修了，修士（都市経営）。
主な受賞歴に大阪コピーライターズクラブ新人賞・ACC賞・消費者のためになった広告賞・OAAA広告エッセイ大賞特別賞・マーケティングマスターコース鳥井道夫賞（優秀論文）などがある。

矢野昌彦（やの・まさひこ）　　　　　　　　　　10・11章担当

名古屋産業大学・現代ビジネス学部経営専門職学科長・教授。
民間企業，都市銀行系シンクタンクを経て現職。大阪大学工学研究科博士後期課程 修了，博士（工学）。
主な著書に『CSV経営による市場創造』（共著，2015年），『よくわかるオープンイノベーションアクセラレータ入門』（共著，2018年），『経営専門職入門』（共著，2021年）（いずれも日科技連出版社）などがある。

■編著者紹介

高橋　千枝子（たかはし・ちえこ）

武庫川女子大学経営学部教授。
都市銀行系シンクタンクを経て，2020年より現職。神戸大学大学院経営学研究科博士後期
課程修了，博士（商学）。専門はマーケティング。著書に『図解 健康業界ハンドブック』
東洋経済新報社（2004年），『高くても売れる！　7つの法則』ダイヤモンド社（2006年），
『プロフェッショナルサービスのビジネスモデル』碩学舎（2018年）などがある。

20代の武器になる
生き抜く！　マーケティング

2022年3月31日　第1版第1刷発行

編著者　高　橋　千枝子
発行者　山　本　　　継
発行所　㈱中　央　経　済　社
発売元　㈱中央経済グループ
　　　　パ ブ リ ッ シ ン グ

〒101-0051　東京都千代田区神田神保町1-31-2
電話　03（3293）3371（編集代表）
　　　03（3293）3381（営業代表）
https://www.chuokeizai.co.jp
印刷／三 英 印 刷 ㈱
製本／㈲井 上 製 本 所

© 2022
Printed in Japan

＊頁の「欠落」や「順序違い」などがありましたらお取り替えいた
しますので発売元までご送付ください。（送料小社負担）
ISBN978-4-502-42401-4　C3034